空き家を買って、不動産投資で儲ける!

少額で誰でも簡単に始められる!

収益不動産経営コンサルタント
全国古家再生推進協議会顧問
三木章裕

Bought a vacant house,
make money in real estate investment!

フォレスト出版

空き家（古家）が再生されて「お宝物件」に変わる！

※ 第2章 59ページ～事例として掲載

場所：大阪府大東市深野／築年数：昭和47年（戸建）／土地：47.87平米
建物：1F 28.13平米　2F 23.56平米
購入金額：350万円／リフォーム：360万円
家賃：6万8000円（月額）／利回り：11.4%
業者購入申込金額：900万円

建物の外装はほとんど変わっていないが、玄関を入ってみると……まったく違う物件に！

玄関横の部屋は１ＬＤＫにリフォーム。床はフローリングにし照明を多めに配線。階段はそのままにして塗装のみを施す。壁は黒くシンプルにデザイン。黒い壁は黒板になり絵を描いたり、鉄分が含まれているので磁石でいろいろ貼り付けたりできる。

床の間のある部屋は、趣をそのまま残してリフォーム。窓のブラインドと丸い大きな照明だけで、雰囲気がガラリと変わる。左上の写真は猫の足跡をデザインした畳。

各部屋はフローリング仕様にリフォーム。2階などは梁の構造を利用して、天井を取り払うことで大きな空間ができる。そこに洋室には従来なかったロフトを取り付けている。
部屋を大きく見せるだけでなく、入居者に心のゆとりを与える。

水回りは最もリフォーム代がかかるが、
部屋の黒を基調としたデザインでカッコいい仕上がりになっている。
システムキッチンは壁の色調に合わせて新しいものにし、置き場もを変えている。

口絵１ページ目のリビングをキッチン側から覗くとこうなる。
階段がリビングとキッチンの仕切りの役割を果たしている。

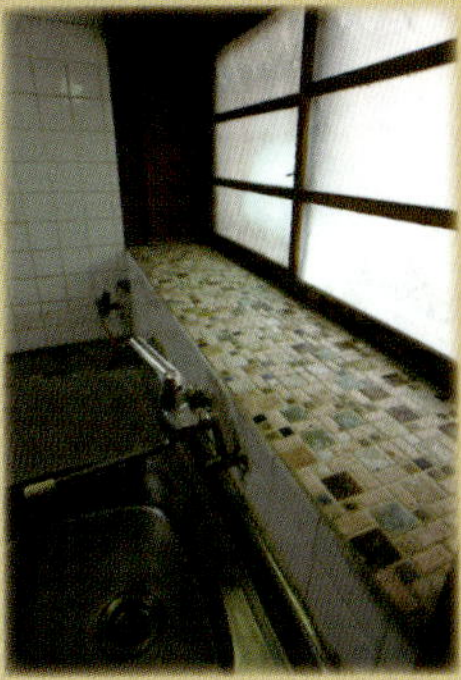

そのまま残したタイルの特徴も最大限に活かしている。

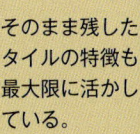

階段も黒を基調としたデザイン。リビングの壁を取り払ったため、階段の左側は抜けた空間をつくっている。

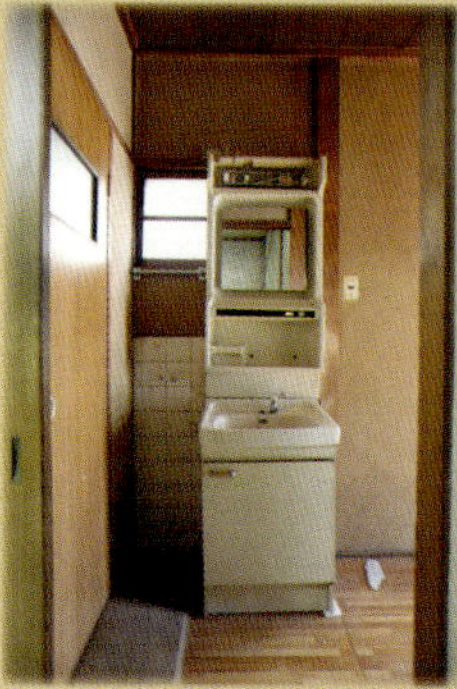

工事前は両廊下から行き来できたが、導線を1つにして洗面台をシンプルなものに。

トイレはシンプルにリフォーム。築40年以上の物件だけに、タイル貼りのトイレを今ふうに。

続々成功！ 空き家がお宝物件に変わった（その１）

場　　所：大阪府東大阪市喜里川町
購入金額：130万円／リフォーム：180万円
家　　賃：4万5000円（月額）／利回り：17.4％

特徴：4戸1テラスの再建築不可物件。壁に板張りをして強度とデザインの両立を図った。大家さんの希望でしゃれたデザインにしたところ、2週間で入居者が決まった。

続々成功！ 空き家がお宝物件に変わった（その2）

場　　所：埼玉県越谷市平方
購入金額：240万円／リフォーム：230万円
家　　賃：5万5000円／利回り：14%

特徴：前面道に下水がなかったが、簡易水洗でも大丈夫であると判断し、くみ取りはそのまま使用。
入居者はタイ人の親子。

続々成功！ 空き家がお宝物件に変わった（その３）

場　　所：大阪府東大阪市旭町
購入金額：200万円／リフォーム：220万円
家　　賃：5万5000円（月額）／利回り：15.7%

特徴：水回りをすべて交換して、
220万円という値段でリフォーム。

続々成功！ 空き家がお宝物件に変わった（その４）

場　　所：大阪府高槻市城南町
購入金額：450万円／リフォーム：260万円
家　　賃：8万5000円（月額）／利回り：14.3%

特徴：高槻市という地域を考えて、家賃を上げることを目指してペットを買う人をターゲットに据える。狙い通り、相場より２万円高い家賃で入居者が決定。

はじめに――不安な世の中に安心して暮らせる資産づくりをしよう！

私は、大阪でこの二十数年、普通のサラリーマン、中小企業の経営者、プロスポーツ選手、芸能人、上場企業の役員、医者、税理士にいたるまで、あらゆる方の資産づくりのお手伝いをしてきました。

今では億単位の資産を築いた方が数百人います。これまでに、私が資産づくりをお手伝いした総資産は３００億円に上る額になっています。

なぜこれほどまでに人は取り憑《つ》かれたように資産を築こうとするのでしょうか？

あなたは、「恒産《こうさん》なくして恒心《こうしん》なし」ということわざをご存じでしょうか？

恒産とは、「安定した資産」という意味で、恒心は「心が常に安定している」ことです。人は常に安定した資産を持っていないと、心が安定した穏やかな状態を保てないという意味になります。

太古から人間は、安心して生きていくには、どうやら清貧では難しいようです。それならば、しっかりした資産を築くことこそ、あなたに心の安定を与え、不安や心配の多くを解消してくれることになります。

この本では、大阪で長年培《つちか》われ伝えられてきた、先人の大阪商人たちの知恵を織り交ぜて、少額で簡単に誰でも始められる資産のつくり方を、今の経済状況に最も合った**「空き家（古家）再生不動産投資術」**として、わかりやすく実践しやすいようにお話しします。

そもそも、なぜ大阪で資産づくりが伝えられたかと言うと、長年の時代背景が大きく影響しています。

大阪の町は、歴史的に何度も戦争や火事等で壊滅的な被害を受けてきました。そのたびに、大阪の商人たちは自らの蓄えを惜《お》しみなく投げ売って町を再興させてきました。

大阪商人は自ら稼ぐ能力にも長《た》けていましたが、もしもの時に再興するための資産の形成にも長けていました。

日本三大商人と言えば、近江商人、伊勢商人、大阪商人と言われますが、ほかの商人たちが行商なのに対して、最初に店を構えて商売をするようになったのは大阪商人でした。

そのため町がなくなることは、店がなくなって商売ができなくなり、収入がなくなるということを意味しました。場合によっては家族を失うという、厳しく残酷な現実を何度も味わってきました。

一方で、保険もない時代にどんな状況に陥っても、また一からやり直し再興できる資産のつくり方や残し方も洗練させていきました。

このような時代背景から、どんな時でも好景気、不景気に関係なく、また人の能力に関係なく、確固たる資産を築いて残していくための原理原則を生み出し、商人の家には代々引き継がれてきたのです。

商売では儲けることは、華やかで目立つカッコいい部分ですが、資産づくりは地味で目立たない部分です。この部分がしっかりしないと時代に翻弄《ほんろう》されて何代にもわたり長く繁栄していくことは叶《かな》いません。

商人たちが編み出した、地味で目立たないが確固たる資産づくりの手法があったからこそ、どんな時代にも生き残り再興することができたのです。

振り返って現在では、時代の変化が激しく、安定してビジネスを続けていくことは至難の業になっています。いつも明日への不安に晒《さら》されていると言っていいでしょう。

今日、一見豊かに見える人でも、突然、次の日には仕事がうまくいかなくなり破産してしまいます。まして低成長の現在では、どんどん所得が上がっていくことは望めません。

あなたは、いつリストラされるかもしれない、この会社でいつまでも勤めたくない、家族にどんどんお金がかかるようになるといった不安から、どうやってこの環境から脱出すればいいのかと、日々不安の中でもがいているのではないでしょうか。

今こそ、わずかな収入からでも大きな資産を生み出す手腕を身につけないと、自分の稼ぎだけで生涯安泰で自由な生活を築くことはできません。

この本では、今の時代の流れに翻弄されない、どんな時にも揺るがない盤石《ばんじゃく》な資産づくりの方法が書かれています。

大阪商人たちの商売感や時代感は、次の言葉が示す通りです。

「あきないは、時を見、変を思うべし」（商売は移りゆくものだ）
「家の断絶は、盗人《ぬすっと》の百倍の罪なり」（一族は子々孫々脈々と続けていくものだ）

このような教えの中、私の先祖も刻々と商売を移り変えて、一族に引き継いできました。

私の先祖のわかる範囲で、どのように商売が移り変わっているか調べてみると、古くは兵庫県の姫路で塩田を経営していたようです。

それから時代とともに、大阪の天満では両替商、堺では廻船問屋、木綿問屋、祖父の時代には鉄鋼所、父親の時代には不動産業をやってきました。そして、父親の家業を引き継いで、私も不動産業をしています。

このように、商売の種になるものは、時代とともに移り変わっていきます。ですから、今うまくいっている商売（ビジネス）が、これから永遠に続くことはないのです。

しっかり時代の風をつかんで商売を選ばないと、稼いでいくことはできません。

また、もしもの時にも揺るがない子々孫々の繁栄を続けていくには、どんな状況からでも変化に対応できる資産を持っておく必要がありました。
この本は、今の時流をとらえながら、あなたがどんな時代でも生き抜いていける提案書です。あなたが楽しく経済的自由を獲得し、余裕を持って安心して家族と暮らせる、簡単に実践できる「新しい」資産のつくり方をお話ししていきます。

２０１５年8月

三木　章裕

空き家を買って、不動産投資で儲ける！　目次

第1章 なぜ私が人の資産をつくるようになったのか？

第2章 誰でも始められる空き家（古家）不動産投資とは？

第3章　空き家不動産投資で資産をつくるためのライフプラン

第4章 資産づくりは世代ごとに違ってくる――世代別実践法

第5章　不動産投資の心得！　これだけ押さえれば不安なく始められる

第1章
なぜ私が人の資産をつくるようになったのか？

バブル期の不動産経営って、どんな物件も一瞬で売れた

はじめにの冒頭で二十数年の間で、普通のサラリーマン、中小企業の経営者から、プロスポーツ選手、芸能人、上場企業の役員、医者、税理士にいたるまで、あらゆる方の資産づくりのお手伝いをしてきたと言いました。

そもそも「他人の資産をつくってきたのなら、自分自身で不動産を買って儲けたほうがいいのでは？」と思った方もいるでしょう。

なぜ私が人の資産づくりをするようになったのか、少し長くなりますが、私のことを書かせていただきます。

私は学生時代、税理士になろうと大学院で勉強していました。

しかし時はバブルの全盛期に突入しようとしており、私は卒業してすぐ、税理士試験を受けることなく、父親の経営する不動産会社に呼び戻されました。

そして１９８８年、26歳の頃には、バリバリに不動産営業をしていました。まさに

バブルも全盛期、とにかく売り物件資料をお客様に持って行くと、その場から取引銀行に電話して、あっと言う間に売買が決まっていきました。

バブルの時ですから、１つの取引が何十億円というのもざらで、私は年間の仲介手数料で、ゆうに1億円くらいは稼いでいました。

先祖伝来、商売人の家に生まれ、自分は商売の天才だと思ったものです。

身なりはアルマーニのスーツ、車は仕事用、プライベート用、アウトドア用と３台所有していました。アウトドア用の車は、わざわざアメリカから逆輸入した日産の左ハンドルのピックアップトラックで、なかなか手に入りにくい変わった車を持っていることが自慢でした。

冬は仲間とスキー、それもカナダまで行ってヘリスキーを楽しみました。夏は友人のクルーザーに乗ってカジキ釣りやパラセール、とくに私はジェットスキーが好きで、仲間で倶楽部をつくりあちこちの海へ遠征していました。神戸の西宮港から淡路島の五色浜まで搬送の船をつけて、あの潮の流れの速い明石海峡横断もしました。

また年に数回は海外旅行も行って観光やグルメを楽しみました。一般の旅行者がバスで名所めぐりしているところを、別にリムジンを雇って観光地をめぐっていました。

今で言えば、六本木のIT長者という感じでしょうか?

とにかくみんなカッコいいことに憧《あこが》れて、当時のトレンドのものは何でもやりました。仕事でも不動産業に飽き足らず、居酒屋を経営したり、コンビニエンスストアを経営したり、当時はめずらしかったお酒のディスカウントショップ経営や「コインズ」という、弁当屋とコインランドリーを一体にしたビジネスを思いつき、全国にフランチャイズ展開をしようと考えたりしていました。

まさに前途洋々、若きビジネスマンの最前線を突っ走っていました。

バブル崩壊で、一瞬で天国から地獄へ

ところが1990年、28歳を迎えたばかりの3月27日、「不動産融資総量規制」という1通の通達が全国の金融機関を駆けめぐりました。

ご存じの通り、バブルの崩壊が始まった日です。

これからいったいどうなるのか? 誰も予想できない出来事でした。

まさに歴史的な日本経済の転換期になる日だったのです。

前年から公定歩合の切り上げもあり、徐々に不動産取引が落ち着き始めてきた矢先に、当時の大蔵省が極端な通達で不動産取引を規制し始めたのです。この影響は絶大で、不動産取引は激減、土地の価格は半値八掛けと言われるまで一挙に下落しました。

こうなると不動産のような高額なものにいっさい融資が出ないのですから、誰も買えるわけがありません。私の仕事も次の日から激減しました。

また、私が所有していた不動産の担保評価も半額、当時の融資残高は20億円に達していたので、翌日には資産価値は10億に下落、一瞬でマイナス10億円という地獄の幕開けが始まったのです。

たとえば、私が販売用に所有していた奈良県の高級住宅街にある豪邸は、当初の購入価格が1億8000万円でした。普通に売却できていれば間違いなく2億円以上で売却できるものでしたが、総量規制後に売却した値段は8000万円でした。なんと1億円引き、その分はすべて個人の資産から補いました。

銀行融資には個人の連帯保証もしていたので、父親の財産と私の財産をすべて売り払ってもとうてい返済できないものになっていました。まして不動産業なので、仕事も収入もまったくなくなってしまいました。

しかし、どんな状況になろうとも借金の返済は待ってくれません。

私の仲間の不動産業者も同じで、仕事がない、収入がない、食べていくお金さえないという三重苦の中、金融機関から借金の返済を迫られる極限状態が続きました。

借金に追われた多くの不動産業者の末路は悲惨なものでした。私の会社のＦＡＸには、毎日のように仲間の告別式の案内や閉店の案内が送られ、同業者が顔を合わせるたびに仲間の自殺や失踪《しっそう》の話で持ちきりになったのです。

借金返済の日々、180度態度が変わった銀行員の仕打ち

バブルがはじける前は、毎日追加融資のお願いに日参していた銀行員も、融資の返済ができなくなるとわかれば、手を返したように態度が一変しました。「借りた金は返すもの！」と当然のように返済を迫ってくるのです。

「なぜ、こんな目に遭わないといけないんだ……」

「あんな通達さえなければ……」

「あんなに融資されなかったら……」

周りにいる人の態度も１８０度変わりました。あれほどちやほやしていた友人たちもすべて潮が引いたように去っていきました。逆に、ありもしない噂《うわさ》をたてて私を陥れようとする者までいました。

そんなことで、私は一時期まったく人のことを信じられなくなりました。

それでも金融機関は容赦ありません。とにかく所有しているあらゆる不動産は、３００坪あった自宅も含め競売にかけられていき、怒濤《どとう》のようにくる返済の督促《とくそく》状や債権の差し押さえ命令と、息つく暇も与えてくれません。これはさすがに精神的に参ってしまいました。

必要もないのに呼びつけたり突然訴訟を起こしたりする金融機関のせいで、仕事どころかその対応に明け暮れる日々が続きました。

「今日こちらに来い、早く借金を返せ、どうやって返すか説明しろ！」

給料をもらえる者と仕事をしないとお金にならない人間とでは、こんなにも考え方に違いがあるのかと相手の身勝手さに怒りさえ覚えました。

銀行員は言葉は丁寧なのですが、明らかにこちらを上から目線でさげすんでいるような様子で、私は毎日警察の取調室にいる犯罪者のように身を小さくしているしかありません。

もう前向きなことは何もできる状況ではなかったのです。

大阪商人の心意気こそ復活へのスタート

絶望の中、私は眠れない夜に、尊敬する億万長者の本多静六氏の言葉や大阪商人の歴史を思い浮かべていました。

コツコツ大学の教授を続けながら億万長者になった本多静六氏も、敗戦の犠牲になりすべての財産がゼロになってしまったことがありました。

まさに大失敗。しかし、その時の切り替えがすごかったのです。

「天下の大変動にあっては、いかなる財閥、個人も耐えうるものではない。失敗といえば失敗だが、この失敗はここには論外である」

「そうした大変動ばかり心配していては、何事にも手も足も出せない」
（『人生と財産』本多静六著、日本経営合理化協会出版局刊）

そう考え、１２０歳までの第２次人生計画を立て直したのです。

私も本多静六さんに見習おうと決心しました。

「バブルの崩壊は天下の大変動に匹敵する。失敗ばかり気にしていても何も生まれない。この経験を活かして私も人生計画を立て直そう」

そもそも、大阪商人も歴史の中で何度も焼け野原から出発してきました。

織田信長の時代には10年にわたる石山本願寺との戦いで大坂は焼け野原になり、そこから復興を果たしました。豊臣家と徳川家康の争い、大坂夏の陣でもまた町が灰になりました。それでも大坂は、江戸時代には「天下の台所」と呼ばれるまで復興したのです。

近年も太平洋戦争の大阪大空襲で、またまた大阪は丸焼けになりましたが、その時も戦後いち早く復興を果たしました。大阪の商人は、どんな時も私財を投げ打ってたくましくゼロから立ち上がってきた歴史があったのです。

「私も大阪商人のはしくれだ、どんな時にもまた立ち上がればいいんだ」

ご先祖様を見習って、「ここは一丁踏ん張ったろか！」と心に誓ったのです。

今ある資産から再生のチャンスを待つ決意

商人は武士のように命のやり取りはしません。

「生きてこそ物種。死んで花実が咲くものか。人はカッコ悪くても生きて、転んでもタダでは起きへんことこそ大切だ」と教えられてきました。

そんな中で私も、「ずっと転んでいるわけにはいかん！　まず起き上がって、どんなことをしても家族が最低限食べていけるようにせなあかん」と決意を新たにしました。

まずは当時担保に入っていなかった、私の祖母が細々とやっていた小さな賃貸アパートの家賃収入の支援でなんとか食いつなぎました。

商人の家では、富を1人が独占するようなことはしません。一族がお互いに富を持ち合い、いざとなったら一族の再興を支援できるようにします。そのおかげで、ほかの不動産業者のような取り返しのつかない悲惨な羽目に陥ることだけは逃れました。

会社のほうも、従業員が路頭に迷わないように事業別に分社し、営業権にこれまでの顧客を付けて、各社員を独立させてなんとか食べていけるようにしました。不良債権のある会社は、私と父の２人が引き受け、静まり返った広い事務所には、たった２人がポツンと残りました。

ガランとした事務所でもう一度、再生のチャンスをうかがえる機会を静かに待ちながら、私はつくづく思いました。

一族の資産（この時は賃貸不動産）をつくっておくことは、いざとなったら、人の命を救う力があるものだと痛感したのです。

このような絶望的な悲惨な状況を味わったことで、私はますます、この窮地を救ってくれた一族や心から支援してくれたわずかな仲間たちに恩返しできるよう、心の底から強い気持ちが湧き上がってきました。

それと同時に、私を救ってくれた資産づくりについて、不幸な人間をつくらせないためにも伝えていこうと思い始めました。

借金をせずにマンション1室分の収入を得る方法

相変わらず身勝手な債権者との激しいバトルも落ち着き始めた頃、不動産市況も峠を越え、安くなった不動産がぼちぼち動くようになってきました。

私も祖母の資産の家賃収入にこのまま頼って、細々と生きていくわけにはいきません。しかし何ぶん、生活するだけで手一杯、元手資金もなく、借り入れもできず、突然差し押さえられることも想定すると下手に資産も持てません。

このピンチの時期に、どうやって仕事や商売をしていこうかと考えました。

実際に仕事をするには、仕入れもせず借金もせずに収入を得る方法を考えるしかありません。本当にそんな都合のいい仕事があるのかと半信半疑になりながら、私は毎日頭をひねって考えていました。

大阪商人の間では「窮すれば通ず」ということわざがよく使われます。ピンチの時こそアイデアが湧くということです。そこでふと思い出したのが、大家業をやっている時のある疑問でした。

「なんで毎月、不動産管理業者に家賃の５％もの管理料を払わないといけないのか？」

「だいたいほとんどのことを自分自身でやっているし、部屋に入居者を入れる時にしか役に立たないのに、変な慣習だ」

そんな疑問を思い返している時に、パッとひらめいたのです。

「そうだ！　自分なら少なくとも大家業の経験もあり、そんな管理会社よりはよっぽど管理のことや空室対策のこともわかっている。それならば……」

従来の管理業者は、大家さんの物件に入居者を決めた時に仲介料や広告料を独占して受け取るために自分の物件として囲い込み、管理業務をサービスついでにやっている状態でした。

彼らはそんな程度の仕事としか思っていなかったので、本気で気持ちを込めてやる業者はほとんどありませんでした。家賃滞納があろうが、入居者クレームがあろうが、物件が汚れていようがかまわない状態で、いい加減な管理業者は大家さんの不満の種になっていました。

そこで私は、従来の発想にとらわれず、創意工夫して大家さんに喜んでもらえる仕事にしようと思いました。仕入れも借金もなくできる仕事だし、仕事も増えるし、お金もかなり稼げるはずだと考えたのです。

そして、頭の中でざっとこの仕事の儲けの勘定を試算してみました。

家賃の5％を管理費としてもらえるとしたら、20室あれば1室分はタダで家賃収入がもらえる計算です。それに管理料以外にも仲介料や保険料等、ほかにも手数料を得ることができるとなると、全部で家賃の10％相当額が得られる理屈になります。

つまり、10室を管理すれば、借金して物件を買わなくても1室分の家賃に見合う収入を得ることができます。これなら勘定も合います。

これが大阪商売訓「算用」と言われるものです。どんなビジネスでもきちんと経営が成り立つ勘定が合うかをしっかり見きわめることが必要で、安易にアイデアだけで商売を始めてはダメだという教訓です。

そしてこの仕事は、大家さんのためになるという大義名分があります。私だけの金儲けのアイデアではありません。

「私ならもっと大家さんのためになる管理ができる！」

「私に任せてくれた大家さんにも喜んでもらえるはずだ！」

そんな商売人としての使命が果たせると考えたのです。

不動産仲介・管理業がバブル期の客数を超えた

大阪では商売をするには「才覚」が必要と言われています。ビジネスのアイデアや創意工夫が大切で、そこを十分に発揮させることが商売繁盛の秘訣だという意味です。

そこで私も「才覚」の教えを踏まえ、私の経験も振り返って、賃貸不動産の管理業務でいかに大家さんに喜ばれるサービスを提供できるかを練り込んで、すぐに実行に移しました。

手始めに、もともとの大家さん仲間や友人に、価格の下がった賃貸マンションを購入してもらい管理させてもらうことにしました。

そこからはまさにトントン拍子で、１年ほどで３００室ほどの管理を引き受けるまでになっていました。なぜならば、私が安く購入してもらった空室だらけの賃貸不動産をすぐに満室にして、高利回り物件に変身させていったからです。

それを目《ま》の当たりにした大家さん仲間や友人は、こぞって物件を追加購入してくれました。私の想定以上の早さで管理物件が増えていったのです。

おかげで私は、年間1000万円以上の管理収入を確保できるようになりました。先ほどの「算用」の構想、10％の儲けの理論で言えば、30室の賃貸マンション収入を借金もせずに手に入れたことになり、まさに無借金賃貸不動産経営状態です。

こうなってくると、「自分も大家さんになりたい、物件を紹介してほしい」と不動産投資の希望者が現れ、次から次へと物件を仲介・管理するようになっていきました。

実際、このようなお客様はバブル期にもいたのですが、私が大家業として先に良い物件を買ってしまうので、私の情報はその残りと取られて、積極的には物件情報をもらおうとはしませんでした。

ところが逆に、バブル崩壊以降、私が自分で物件を買わずに（実際には買えなかったわけですが）いろいろな大家さんに儲かる物件を紹介しているので、こぞって物件紹介の依頼がくるようになったというわけです。

仲介件数で言えば、バブル崩壊以降のほうが増えていくという皮肉な結果です。

しかし私は、ふと不思議なことに気づきました。

バブルの頃は、あれほどたくさんの会社を回り、イヤなお客様にも笑顔をつくり、接待の席ではゴマをすっていました。寝る時間も惜しんで必死で仕事をしていても、気を抜くとライバルたちに仕事を奪われてしまいますから、いっこうに気が休まりませんでした。

ところが今度は、営業もしていないのに途切れることなく仕事の依頼がきます。売り込みや営業すらしません。逆にほかの方に仕事をお願いするような状態です。日々の売上に一喜一憂したり、お金儲けのために無理にお客様に頭を下げることがなくなりました。

いつしか自分の好きなお客様に、やりたい分だけをマイペースに仕事をするようになっていました。そして、仕事や金銭的な悩みや人間関係の悩みからはいっさい解放されていました。

バブルの時よりも断然に市況は悪いはずなのになぜだろう？

倒産寸前だった私の会社が、どうしてこんなにうまくいったのかという要因を考えてみたのです。

自分自身も資産づくりのスタートラインに立つ

その答えは、私の周りを見回して気づきました。

二十数年来の付き合いの仲間が億万長者になっていました。

たとえば、二十数年前には、しがない20代のサラリーマンだった高野さん（仮名）も、今では3億円の資産を持ち、年収３０００万円以上の資産家です。

今はセミリタイアして、ご夫婦で悠々自適の生活を送っています。年に何回かは海外から絵はがきを送ってくれます。彼と会うと、「いつもあの時、三木さんが騙《だま》されたと思って買ってごらん！　と言ってくれなかったら今の自分はなかったです」と言います。

今から考えると、あんな小さな物件を買うのに思い悩んでいた自分がおかしくてしかたないです、と大きな声で笑います。

ほかにもたくさんの仲間が、私がバブル時からずっと資産づくりを手伝っている間にすごい資産家になっていて、資産を増やすためにいろいろ私に仕事を依頼してくれました。

バブルの時代から関わった資産づくりのお手伝いをした人は数百人に上ります。まさに３００億円を超える資産づくりを指南していました。

私の仲間とつくった「喜ばれる大家の会」は、その存在意義が世の中に必要とされ、入居者、不動産業者等、関わるすべての人に喜ばれるようにすれば、絶対失敗しないという信念を持って発足した会です。

そのメンバーの総資産額も１００億円を超えています。

もちろん大地主さんのような方もいますが、平凡なサラリーマンから億単位の資産をつくる人も現れました。

このような豊かな資産家仲間が、バブルの崩壊時にも私を支えてくれました。

家も事務所も無償で提供してくれる方もいました。わざわざ仕事を私に回してくれた仲間もいました。

「なんだ！　仲間さえいれば困った時でもなんとかなるんだ！　がつがつお金儲けし

なくても幸せに生きていけるんだ。心から信じ合える豊かな仲間さえいれば、どんな時でも大丈夫なんだ！」と、私は経済的な困窮を体験したからこそ、人生の真実を知ることができたのです。

そこで、これからは自分の成功を求めるより、私に関わるすべての仲間や大家さんが幸せで豊かになってもらえる資産づくりのお手伝いをしよう。そして、豊かで幸せな仲間をいっぱいつくろうと思ったのです。

このように、仕事をなんとか回復させることができましたが、ほとんどの資産を失ってしまった私にとっては、資産づくりのほうは人生の再スタートです。

最初は小さな不動産からのスタートですが、私の孫の代には、相当の資産が築かれているはずです。3代かけて資産のつくり直しです。でも、大阪商人の蓄財術はいつの時代でも有効です。

なくなればまたつくればいいのです。どんな時代も失敗や思わぬ災害に見舞われることはあります。でもそこであきらめずに、またやり直せばいいだけです。

豊かになる不変の法則は、人生における真理です。

これから不動産投資を始める皆さんと同じスタートラインに立っての競争です。どんな時代になっても、豊かになる法則を知っていれば何も恐れるものはないのです。

以上、私が多くの人の資産づくりに、少しだけ商売替えをした理由です。

この本を読んでいるあなたにも、おおいに資産を築いてほしいと願っております。

また、そうなることを信じております。

不動産投資というと、最初から多額の資金がないと始められないという方が多いと思いますが、そんなことはありません。それぞれの時代に合った儲け方というものがあるのです。

それを皆さんに紹介していきます。やれば必ず資産がつくれます。

第2章

誰でも始められる空き家(古家)不動産投資とは?

これからは資産の差が貧富の差をつくる時代

ここ最近、数百年言い伝えられた大阪商人の蓄財術が、実は現在の最先端の経済学からも証明されました。大阪商人の蓄財術の法則が、実は資本主義経済では一番豊かになる法則だったのです。

私はよく幼い頃から、資産づくりには3代かかる、だからお金は節約してコツコツ資産づくりしないといけないと言われて育ちました。

私があまりにそのことを馬鹿正直に行動して、鉛筆も手で握るのも大変なくらい短くギリギリになるまで使って書いていたので、その使い方があまりにぎこちない姿勢に、先生から注意されることもありました。

私は「もったいないから、書けるところまで使う」と言って聞かなかったようで、その頑固さに困った先生が、私の母親を学校に呼び出すということもありました。

先生は母に、「お母さん、お宅はお子さんに鉛筆を買えないくらいお困りですか?」

と聞いたそうですが、母は子供のしつけについて話したようです。

ただ、母は真っ赤な顔をして家に帰って来ると、鉛筆ぐらいいくらでも買ってあげるから、先生に「もったいない！　もったいない！」と言って困らせてはいけないと叱られました。

その当時、私の家はまったく貧乏ではありませんでした。父親は会社の社長で、毎朝家に運転手付きの車が迎えに来ているような状況でしたので、正直に言えば裕福な家庭でした。

でも、何となく家の雰囲気はもったいないというオーラに包まれていて、子供ながらその影響を受けてしまったのだと思います。


大阪の商人の家では、金持ち1代、資産3代などと言われ、時流に乗れば1代でお金持ちになることはできるが、それを維持して資産家の家系になるには3代かかると言われていました。

そのため、コツコツと稼いでそれを貯めて、貯まったお金で不動産等に投資して次の世代にしっかり引き継ぐこと、土地などは一度売ると二度と買えないから手放すなと言われました。ですから、事業に使うお金以外は、極力遊興費には使わず、不動産等に投資するように教えられてきました。

でも、私はバブルの時は良く稼ぎましたが、遊びにもよくお金を使ったと思います。親の言いつけ通りにしなかったことが、バブル崩壊時にしっぺ返しを受けた1つの要因かもしれません。

話は戻りますが、このような大阪商人の蓄財術の手法が、ある経済学者の研究で裏づけられました。

フランスの経済学者、トマ・ピケティ氏です。『21世紀の資本』（みすず書房刊）という経済学書が世界中でベストセラーになったのは記憶に新しいところでしょう。

この本では、資本主義国の格差が急激に拡大していることを示し、歴史的なデータに基づき富の格差が生まれる仕組みを解明しました。また、その格差をどのように是正するかにも言及しています。

注目すべきは以下の公式です。

r（資本収益率）＞g（経済成長率）

貧富の格差ができる原因は、経済成長率（g）よりも、資本収益率（r）が高くなり、資本を持つものにはますます資本が蓄積していくから、r＞gが常に成り立つ。ゆえに、このような不平等は世襲を通じて拡大する。

簡単に言うと、資本とはこの場合、不動産や株等の資産を指していて、投資で得られる利益による成長率が、労働（給料）によって得られる賃金の上昇率を常に上回る。給料が上がっていっても、働けど働けど楽にならないという現象が起きるということです。

これは大阪商人の蓄財術と同じです。**コツコツ貯めた資金で不動産等に投資して、また儲かればさらに再投資して雪だるま式に膨らませ、それを相続していく**からです。まさに、ピケティが格差ができる原因で指摘した法則を、そのまま大阪商人は実践的に蓄財術として言い伝えていたということです。

いかに資産を増やし豊かになっていくかの手順がまったく同じなのです。結局、「資産を持たない」「資産をつくらない」では、豊かな生活はできない時代なのです。

では、日本で豊かになっていくにはどうすればいいのでしょうか?

富裕層のように雪だるま式に豊かになっていく方法、またそれを次の世代につなげていく方法はないのでしょうか?

日本では資産として不動産を利用すれば、この豊かになっていくサイクルに乗ることができます。

収益不動産投資では、直接働かなくても収入が得られ、また小さな資金で融資を受けてレバレッジを利かせて大きく稼ぐこともできます。また、事業として行うためいろいろな経費を差し引くこともできて節税効果も高い。

相続の場合も、いろいろな資産圧縮手法があり、資産継承にとても有利に働き、資産を次の世代に引き継ぎやすくなっています。

日本で資産形成して富裕層になり資産を継承していくには、**不動産投資が一番有効**なのです。

ピケティ氏の理論や大阪商人の蓄財術を取り入れれば富の格差をつける側になれます。本当に豊かになる方法は、あなたが頑張って働くことではなかったのです。

もう一度シンプルな法則としてまとめると、

●日本では、小さくても資産として不動産を持つ
●不動産を持ったら収益を上げる（収益化）
●なるべく効率よく資本収益率を上げる（空室対策）
●そのお金を貯めて活用する（蓄財）。もしくは融資を受ける（レバレッジ）
●雪だるま式に収益不動産をドンドン増やす（再投資）
●不動産を増やしたら、次の世代に効率よく引き継いでいく（相続対策）

このようにすれば、自然と富の格差を生み、あなたも本当の意味での富裕層になることができます。

お金持ちになるのは難しいことではありません。シンプルな法則を繰り返すだけなのです。お金がなくても、学力がなくても、人格に関係なく、このシンプルな法則に従うと、勝手にお金持ちになることができます。

平凡なサラリーマンが空き家不動産投資で、資金ゼロから800万円の資産と毎月11万円の副収入を手に入れた

10年ほど前、ある投資セミナーの会場で、30歳のサラリーマンの神山さん（仮名）という方と席が隣り合わせになりました。

神山さんは半ばあきらめ加減の表情でそのセミナーの内容を聞いていました。私はせっかく投資セミナーに来たのに浮かない顔が気になり声をかけてみました。

実は彼はとても投資に興味があり、機会があればいろいろなセミナーに参加して勉強をしているそうなのですが、1年前に結婚してマンションを購入したばかりで、ローンの返済と生活費を支払うと、かつかつの生活。とうてい投資に回せるような余裕のある資金がないので、当分は投資をあきらめようと思っているということでした。

勢いで結婚はしましたが、ずっとこのまま安月給で働き続けていても、とても将来が不安で、子供の養育費や老後のことを考えると余計に不安で、ついつい投資のセミナーに来てしまうということでした。

神山さんは投資に興味があるが、とてもそんな状況ではないことに落ち込んでいたのです。

そこで私は、頭金がなくても、自分の生活を切り詰めず、資産形成ができることを懇親会の間にお話ししました。

神山さんは、まるで狐につままれたような顔で私の話を聞いていたのを今でも覚えています。その後、矢継ぎばやに質問攻めにあいました。

「そんな方法があるのですか？　その話って本当ですか？　難しくないですか？　危険じゃないですか？……」

私は懇親会の席で、ほかの方と名刺交換もできないくらいでした。

しかし、神山さんの顔色は時間の経過とともに明るくなり、興奮している様子が手に取るようにわかりました。

その時、神山さんにお話しした方法は、簡単に言うと、古くて使われていない安い住宅（空き家）を購入してリフォームする。その購入資金とリフォーム代は「公庫」という、当時の国民生活金融公庫（現在の日本政策金融公庫）の融資を利用するというものでした。

公庫は住宅ローンがあってもある程度の融資枠内なら融資が受けられます。そして、リフォーム後は戸建賃貸物件として賃貸し、月々の返済はその家賃でできるというものでした。

私は概略だけをお話しして、後日私の会社に来てもらいました。そして、物件の探し方、公庫の融資の申し込み方、リフォームの仕方、入居募集の仕方を詳しく話しました。

元来、投資に興味のあった神山さんですから、そこからの動きは早いもので、物件をインターネットで探したり、知り合いの不動産屋に声をかけたりして、すぐに私が説明した物件を見つけました。

物件は、土地が10坪ほどの築30年の小さな木造2階建ての戸建でした。

販売価格は300万円。比較的きれいに利用されていた物件で、リフォーム費用も60万円もあれば十分できるような物件でした。そこですぐに公庫の窓口に相談に行ってもらい、リフォーム代諸経費込みで400万円の資金を借りて物件を購入しました。

リフォームが終わる頃には、月5万2000円で借りてくれる母子家庭の方が見つかりました。返済は借入期間が8年で、毎月約4万8000円ほどでした。

このように家賃収入で毎月の返済がまかなえる状態で、神山さんの月給から追い出しするようなことはありませんでした。

これに味をしめた神山さんは、半年後にはまた物件を見つけてきました。

今度の物件も小さな戸建でしたが、値段を聞いてビックリしました。１５０万円だと言うのです。もともと高齢のご夫婦が住んでいて、遠方に住む娘さんが相続したものですが、家の面倒を見ることもできないので、家に残っているいらない荷物ごと買い取ってくれるなら、解体費や撤去費の分を差し引いた値段、１５０万円でＯＫだということでした。

その家は築40年ほど経っており、建物の値打ちはまったくないので、取り壊して建て直すことを考えれば、そのまま放置しておくしかありませんでした。そこで、神山さんに友人の不動産業者から声がかかったのでした。

この物件、築40年とはいえ、１年前までは人が住んでいたので古いなりに手入れは行き届いていました。ただ捨てられなかったのか、古い家具やいらない物が家中にあふれていました。

しかし、片付けとリフォーム代を合わせて２００万円ほどあれば十分に住める状態でした。そこで、公庫に融資を申し込み、購入諸経費を含めて４００万円を融資してもらい、物件を購入しました。

最初の投資の成功で自信をつけた神山さんは、自ら入居者募集のチラシを作成し、リフォーム中から不動産業者を回り始めて、なんと6万円で家族に借りてもらうことができました。

この家族は小さいお子さんが3人もいて、普通の賃貸マンションに住んでいたのですが、隣接する部屋の人に毎日のようにうるさいと苦情を言われていたのです。

ですから、その家族からは、古いけど戸建で子供が少々騒いでも気にせずにすむのでとてもありがたい、また子供のために犬を飼ってあげられるので本当に満足です、と契約当日にお礼を言われたそうです。

この物件も毎月の返済は4万8000円ほどでしたので、十分に家賃で返済できる状況です。私は、どの物件の家賃も返済しても少し余りますが、この余ったお金はくれぐれも使わないように神山さんに話しておきました。

毎月残る1万6000円ほどを貯めておけば、3カ月もすれば、1カ月（1件分）の返済にあてられる。これをコツコツ貯めておくことで、空室になった時でも返済資金にあてられるので、神山さんの生活費を切り詰めることはない。余ったお金は絶対に生活資金のあてにしないことを伝えていたのです。

このおかげで、空室の時もありましたが、８年間返済に困ることなく、ついに２件分の返済を終えることができました。

話をシンプルにするために、所得税や固定資産税、そのほか建物の老朽化メンテナンスコストを省いていますが、神山さんは返済がなくなった時点で、**約８００万円の不動産資産と毎月11万２０００円の家賃**を手元に残せるようになったのです。

神山さんは、この経験を私に次のように話してくれました。

「勤め出した頃は、仕事がきつく給料も安くて、いつ辞めようかと毎日悩んでいました。ところが、結婚することになり生活のことも考えるとますます仕事を辞めることが難しくなりました。そうこうしているうちに子供も生まれ、仕事に不満があっても生活のためと思い、あれほどイヤだった残業も引き受けて生活費を稼ぐことに追われました。それでも、将来の生活は不安と心配でいっぱいで、妻にも相談できず、いつも心の片隅に引っかかっていました。

そんな時に三木さんに出会って、資産づくりの方法を教えてもらったのです。初めはそんなにうまくいくのかと半信半疑でしたが、実際に物件を買って、最初に家賃が自分の口座に振り込まれた時は、まるで夢のようでした。

それからも順調に返済も進んで、返済が終わった時には本当に嘘のようでした。8年ほどの期間でしたがあっという間でした。

今では、月々10万円ほどの余裕ができ、資産も増えました。毎月の給料を積み立てていても、こんな資産はとうてい残せなかったし、まして毎月余分に収入を得られることもなかったと思います。

会社で無理に残業して生活費を稼ぐようなこともなくなり、家族との時間もしっかり取って、子供との大切な時間も取れるようになりました。本当に生活が180度変わりました。

あんなにイヤだった仕事までも余裕が出て、いろいろアイデアが浮かんで順調にいくようになりました。最初は仕事をやらされている感じでしたが、今では仕事を積極的にこなすように態度まで変わった気がします。

本当に三木さんの言う通り経済的に余裕ができると、周りの世界の見え方まで変わってしまいました。これからも無理せずに資産づくりも続けていきたいと思います。

今は本当にハッピーな気持ちでいっぱいです」

神山さんは、これからも貯まっていく家賃を使って、空き家戸建物件に再投資していくそうです。神山さんの場合、住宅ローンもあり、あまり融資枠を増やすのが難しい状況でしたが、それでもこれだけの資産を残すことができました。

8年前にはお金がなくて投資なんかできないと絶望していた神山さんも、今や資産家になっています。

お金がなくて投資するなんてできないと思っているあなたも、このように資産をつくることは難しくないのです。

ではなぜ、このように資産が簡単につくれるようになったのか、時代背景を踏まえてお話ししましょう。

1億円の預金をつくるより、1億円の資産をつくるほうが簡単

神山さんの例を見るとわかるように、実は預金をコツコツ貯めるより資産をつくる

ことのほうが簡単なのです。

平成24年の国税庁の民間給与実態統計調査結果によると、平均年収は408万円です。毎月の生活費を15万円（年180万円）、毎月の源泉税や社会保険で5万5000円（年66万円）は引かれます。

そうすると手元のお金を全部預金に回しても年間162万円ほどで、これをすべて預金しても、1億円を貯めるのに61年9カ月かかります。

しかし、そう単純にはいきません。住宅ローンや子供にかかる教育費、ケガや病気等思わぬ出費もあると想定すると、30歳から預金を始めたとしても90歳を優に超えてしまいます。1億円の預金を貯めるのは、一般のサラリーマンでは並大抵のことではないのです（定年後の給料や年金は換算していません）。

では、資産づくりのために不動産投資をしたらどうなるでしょうか？

現在のようにインフレ政策が続けられるかぎり、20年後も買った不動産の価格は変わらないとしましょう。たとえば、1億円の賃貸マンションを銀行ローンで買ったとします。表面利回り（年間家賃収入÷物件価格×100）8％以上で買うと、20年間の家賃収入でローン返済と維持管理費が、あなたの収入から追い出しせずになんとか支払っていけるはずです。

ということは、あなたは20年間その家賃さえあてにしなければ、20年後には入居者が勝手にローンを払い終えてくれて、1億円の資産はあなたのものになるわけです。それからは引き続き、年間８００～１０００万円の収入を手にすることができます。

つまり、**預金で1億円つくろうと思えば60年以上かかるのに、1億円の資産を手にするには20年あればできてしまう**のです。しかも、家賃収入は続きます。

これが私の言う資産づくりのほうが簡単だという意味です。

銀行から借りたお金、これはあなたが貯めた預金ではなく他人のお金です。そして、そのローン返済に使われたのも賃貸に住んでいる入居者の家賃であり、これも他人のお金です。あなたの稼ぎからではありません。

つまり、あなたの生活で使われているお金はいっさい使わなくていいわけです。あなたが仕事をしている間も寝ている間にも、あなたの不動産物件が家賃を稼ぐため働いてくれて、入居者もあなたの不動産物件のローンを支払うために働いてくれています。

あなたは、銀行と入居者のおかげで、20年後には1億円の資産を労せずに手に入れられるわけです。

空き家物件は、今後ますます増え続ける

あなたには、気づいていない財産が与えられています。実はこれに気づかないと、あなたはなかなか豊かになれません。

「衣裏繋珠《えりけいじゅ》」という話をご存じでしょうか？

これは法華経というお経の中で語られている話です。

あるお金持ちが、親友と宴会したあと急に出かけることになりました。そこで、その親友が貧しく暮らしている様子に、これからは生活に困らないようにと、まだ寝ている彼にとても高価な宝珠をこっそり着物の裏に縫いつけて帰っていきました。

しかし、そのことに気づかない親友は、相変わらずの貧乏暮らしをしていました。

ある時、ばったり宝珠を縫いつけていった彼に出会いました。

「いったいどうしたんだい？　君には一生困らないほどの高価な宝珠を着物に縫いつけたのに、なぜ使わないんだい。君は何ひとつ不足ない生活ができるのだよ！」

その時、初めて彼はその宝物に気づいて豊かな生活が送れるようになったという話

です。

この話を聞いて、あなたはそんな宝が私にはあるはずがないと思ったかもしれません。ところが、そうでもないのです。

少し話は変わりますが、総務省の平成25年住宅・土地統計調査が発表されました。その中で、**全国の空き家率は、13・5％と過去最高になった**と発表されました。でも、その原因を聞くとあなたにも大きく関わっていることに気づくはずです。

話を身近な出来事に置き換えると、たとえば１人っ子の家庭で育ったあなたとパートナーが長男か長女だとして、結婚して家族のために住宅を購入したとすると、あなたは潜在的にお互いの親の家も引き継ぐことになります。

ということは、あなたは親の家も含めて３軒の家を持つことになります。なんとあなたは、気づかないうちに２軒も余分に家を持つことになるのです。

このような傾向が進んだ結果、人の住まない空き家がますます増加しており、ついに**空き家が８２０万戸**になり、今後も増加の一途をたどる予測になっています。

このような空き家という宝（資産）を活かせるか活かせないかで、あなたの人生の豊かさが大きく変わってしまいます。

空き家を二束三文で売ってしまう人もいるでしょう。しかし、この「魔法のランプ」を活用して資産をつくることができます。

この本では、このような資産を魔法のランプにして豊かで幸せに暮らす話を書いています。日本には数多くの資産が眠っている事実に気づかなければ、あなたは衣裏繫珠のたとえ話の彼のように、一生貧乏のまま暮らすことになるかもしれません。

空き家問題という、現在社会問題になりつつあるこの状況をプラスにとらえて、あなたには豊かになれるチャンスに変えてもらえればと思っています。

相続した空き家が「負動産」から「富動産」に変わる！

静岡県にお住まいで、和歌山県に親の実家がある大村さん（仮名）は、2年前にお母様を亡くされて、実家の家を相続しました。

大村さんは、地元の中小企業の技術者として勤めていて、もう実家の和歌山県に帰ることは考えていませんでした。しかし、年に2～3回は実家の草むしりをしておかないと近所の親戚からも苦情がきます。「草ぼうぼうで置いとかれると、物騒で野犬や猫のたまり場になる」と言われ、大村さんは渋々家の掃除に帰っていました。

しかし戻るたびに、人の住まない実家が荒れていくのを感じていました。交通費も結構かかりますし、田舎といえ使わない住宅の固定資産税も家計には重荷でした。

まさに負の連鎖の**「不動産＝負動産」**になっていました。

そこである知り合いから不動産業の私を紹介されました。当初は売却するつもりで私のところに来たのですが、私はリフォームして賃貸住宅にしてはどうかという提案をしました。大村さんは思ってもいない提案でとても戸惑っていました。

たしかにリフォームするには１５０万円くらいかかりそうな状況なので、こんな物件にそんなにお金をかけて入居者がいなければお金を捨てたようになってしまうと、かなり悩んでいました。

私は、周辺の賃貸需要や家賃相場などもしっかり説明して、想定家賃7万円を提案しました。

駐車場が普通車と軽自動車それぞれ1台ずつ停められる広さがあるので、十分可能性があることを説明しました。けっして駅から近くはなかったのですが、この辺りでは、ほとんどみんな車移動で生活しているエリアなので、車の駐車場があることのほうが大切だったからです。

賃貸に回せば、毎年掃除に帰っていた交通費や家族の負担、そして固定資産税も家賃から支払えるので家計の負担も減ります。

築40年近い家ですが、きちんとリフォームすれば十分に住める状態で、私は小さな子供がいる家族なら、必ず入居してくれると説得しました。

売却してまとまったお金になると思っていたのに、逆に150万円ほどの出費です。大村さんも家族会議が数カ月間続きましたが、奥様もたびたびご主人の実家の掃除に行くことに負担を感じていたことや、大村さんも自分が幼い頃に住んでいた家がなくなり、地元に縁がなくなるのも何となく寂しい気持ちがあったのでリフォームを決断しました。

それからは順調で、リフォーム工事中に近所のアパートに住んでいた3歳と6歳の男の子のいる家族が借りてくれることになり、大村さんの心配は杞憂《きゆう》に終わりました。

借りてくれた家族も、暴れ盛りの男の子が2人いるので、いつもアパートの隣の方に気をつけていました。しかし、ここだと家は古いとはいえ戸建なのであまり気にせずに住めるようになり、子供は犬を飼えることになったので大喜びだったそうです。そして、大村さんはその家族に感謝されたそうです。

金銭的にいっても、１５０万円の投資は家賃から見れば2年もあれば回収できます。ファミリーで長く住んでもらえれば、年間80万円ほどの収入が家計にプラスされます。これくらい余裕があれば、２人おられる大村さんの子供の習い事や塾代も十分に捻出でき、ゆとりができます。

あれから5年たちますが、今も賃貸しており、長く当時の家族が住んでいるようで、給料以外の別収入が生まれたことを喜んでいました。

誰も見向きもしない「負動産」が処分でき、しかも「富動産」に変わったのです。

ババ物件がお宝物件に！ リフォームしだいで古家が大変身する

熊田さん（仮名）が、私の事務所に急きょ相談に駆け込んで来ました。

「三木先生、私ババを引いてしまいました！」

熊田さんは、ある不動産業者が古い相続物件の家を買わないかと言ってきたので、350万円ほどだった物件を購入しました。銀行に預金を入れているよりは、少しリフォームして賃貸収入にしたほうが儲かるかと思い、あまり物件も見ずに言われるままに買ってしまいました。

いざいろいろな工務店から見積もりを取ったのですが、どこも500万円を超える見積もりばかりで、このリフォーム代で賃貸してもまったく採算が合いません。このままだと大損してしまいます。

「戸建のリフォーム代って、こんなにかかるものですか？」

このような相談を、熊田さんは息つく暇もなく一気に話しました。

私は、熊田さんに古い住宅をリフォームする場合、リフォーム会社はなるべくクレームが出ないように、新築並みにすべてをきれいにしたがることを伝えました。見積もりをよく見ると、ほとんどのものが最新設備に変更されていて、設備や建具、配管まで工事でクレームの出ないものになっていることを指摘しました。

これでは高くつくばかりで、せっかくの古家が、味わいのない、今時のマンションリフォームと変わりないものになってしまいます。

実は古家の場合は、古家の良さを活かしたリフォームをして、この物件ならではの特徴を出す差別化されたものでなければ、ただの古家をマンション化したようなものになってしまうのです。

結局、近隣のマンション等と比較されてなかなか入居者が決まらない状況に陥ってしまうことを説明しました。

熊田さんは、私の話を聞きながら、もう手の打ちようがなく大失敗したことに後悔し始めていることが、紅潮している顔の色でわかりました。

今さら買った値段で手放そうと思っても、言い値で買っているわけですから高く売れるわけもなく、逆に損して売却しなければならない状況に追い込まれていました。今売っても50万円以上の損害が出る状況でした。

私は、古家の特徴を活かした差別化された工事でないとダメで、簡単なリフォームでただ家賃が安いだけで入居者が決まるものではないことをお話ししました。

古家はそもそも、何でも新しくきれいにするのではなく、物件ごとに残すもの活かすものを選択して、リフォームコストを節約しながら差別化された物件に仕上げる必要があります。

たとえば、畳の部屋を洋室化しなければそれだけでもかなり安くつきます。また水回りも小さなお風呂をあえて変えずに、清潔感があるように浴槽の塗り替えだけにしておく、キッチンも交換ではなく磨いて、扉等にカラフルなカッティングシートを貼るだけでとても雰囲気がよくなり、システムキッチンの交換よりは相当安くつきます。

しかし、熊田さんはこう言いました。

「たしかにわかりますが、どこのリフォーム会社もそんなことしてくれません。逆にこれでなければ工事しないとまで言います。先生の理屈はわかりますが、できないものはできないんです」

まるでリフォーム会社の代弁者のように反論を始めました。

そこで私は、切羽詰まっている熊田さんに、では試しにここで見積もりを取ってくださいと、大阪で古家再生物件専門のリフォーム会社「カラーズバリュー」という会社を紹介しました。

何件も見積もりを取っている熊田さんは、ムダだという感じであまり乗り気ではない返事でした。でも私は、とにかくだまって取るように言いました。

それから、１週間後、カラーズバリューからの見積もりを持って、私のところに来てもらいました。

私の事務所に来た熊田さんは、まるで狐につままれたような顔でした。

見積もり額は３６０万円ほどで、**他社より１５０万円から２００万円安くなっていたのです。**そこで熊田さんは、逆にこんな値段でまともな工事ができるのか疑っているくらいでした。

そこで、私もその見積もりを見ながら、やはり前に言った通り、この会社は和室は和室のままで、そのほかも今ある設備を利用したものになっていることを指摘しました。少し高くついたのは浴槽だけで、新しいものに変えていたくらいでした。

逆に土壁部分をカラフルなペンキで塗る工法や、あえてキッチンのタイルを残し、一部の壁を鉄分を含ませた壁にして磁石ボードやペイントできる壁に塗り替えることで工事の工程を減らし、予算を節約しながら差別化した提案をしていました。

細かいところでは、畳の部屋も畳の縁の部分を猫の足跡のような柄に変えるなど、とても凝った提案になっていました。

安さだけではなく、きちんとほかの物件とは違う差別化ポイントも押さえてありましたので、そこの部分を1つひとつ説明していきました。

また、賃貸で貸した場合も当初の想定よりも少し高めで貸せることも説明して、疑っている熊田さんを説得して工事してもらいました。

熊田さんもその見積もり額と内容が信じられなかったのか、毎日仕事が終わってから物件を見に行きましたが、最初のうちはかなり心配だったようです。内装の土壁がカラフルに塗られ始め、畳縁の部分に猫の足跡のデザインがつく頃には、逆に感激して毎日写真に撮って奥さんに見せていたそうです。

そして、ついに完成した物件は、古さはあるもののとてもお洒落で特徴的なものでした（口絵参照）。

私はすぐに賃貸の入居者の募集を始めることをお願いしました。すると、内見の方は来るたびにビックリして帰っていくようで、そのような業者の案内状況を見て早々に入居者は決まるだろうと思っていました。

しかし、熊田さんに思わぬ提案がありました。

この物件を案内していた業者さんから、なんと**物件を９００万円で売ってほしいと**の提案があったのです。

もともと３５０万円で購入し、リフォームが３６０万円、諸経費が40万円ほどで７５０万円の原価です。９００万円で売れば、差し引きしても１５０万円残ります。購入から１カ月もたたない間に、あのどうしようもなかった**ババ物件が１５０万円もの利益を生むお宝物件に変身**してしまいました。

私は、従来の見積もりでは、ここまでの価格で売却できる値段は出なかったと思います。やはり古家の再生にこだわり個性的な物件に仕上げたことがこのような結果を生んだのです。

古家だからとか、家賃が安いからとか、安いリフォームでいいとかいう発想から、その物件の特徴を踏まえたリフォームをすることで、物件自体の資産価値まで上がるような効果が出るのです。

これもまた、古家不動産のなせる業ではないでしょうか。

結局、熊田さんは売却せずに、相場より2割高い家賃で貸すことになりました。今は賃貸していますが、今の入居者が退去したら売却も考えると言っています。

リフォーム代をかけないセルフリフォームでコストを節約する

竹村さん（仮称）は、お父さんの家を相続したのですが、家を売却することができず、どうしたらよいか私のところに相談に来ました。

「独り暮らしの親父さんとはスープも冷めない場所に私の自宅があり、親父は週に何回かは、孫の顔を見ながら私の家で夕食を楽しんでいました。

しかし、ある晩急に気分が悪くなり、救急車で運ばれて10日ほどで亡くなりました。どうも脳卒中を起こしたようで、そのまま意識が戻らずに逝《い》ってしまいました。

親父は私が子供の頃に母を亡くし、男手ひとつで1人っ子の私を育ててくれました。親父は大工をしており、小さい頃はよく現場の木屑《きくず》などを持って帰ってきてくれましたが、それが私の積み木代わりでした。その後も木に釘《くぎ》を打ったりするのが、私の遊びの1つでした。

私は結婚を機に、妻に負担にならない程度に独り暮らしの親父の面倒を見ようと、本当にスープの冷めない距離に家を構えました。夫婦２人の時はあまり私の家には寄りつかなかった親父でしたが、孫ができてからは週に数回は家で夕食を食べて、孫と遊んで帰るようになりました。

そんな親父が、まさかこんなに急にいなくなってしまうなんて信じられない思いでした。

しかし、それでも半年もすると少し冷静になって、親父の家をどうするかという問題に打ち当たりました。もう古い家ですので、壊して売却しようと思ったのですが、なんと今の法律では公道に２メートル以上接していないと新たな建物は建てられず、再建築不可な値段のつかない物件だ、と不動産屋に言われてしまいました。

実際、物件の道路との間口は昔でいう一間（約１・８メートル）でしたので、ほんの少し今の法律では接道が足りないのです。しかし、昔は親父の軽トラも十分に通れて、そんな狭さは感じませんでした。

たしかに、うどん屋の建物が通路際に建っているので、私が学生の頃は、前のうどん屋のダシの香りがまともに通路に漂ってきて、通るたびにお腹がグーッとなった懐かしい思い出があります。そんな通路ギリギリに建っているうどん屋があるので、たとえ20センチでも道路を分けてもらえる状態ではありませんでした。

そこで、まずはうどん屋のおばちゃん（今ではかなりおばあさん）に相談に行き、裏の土地を買ってもらえないか聞いてみましたが、とうていその資金力はなく、逆にあと数年もすれば店をたたんで、高齢者住宅にでも入ろうと思っているとのことでした。その時に一緒に売れば、まとまった土地になり今よりは高く売れるんじゃないかという提案まで受けました。

たしかにまとまれば、約45坪くらいの良い土地になり、不動産業者でも喜んで買ってくれそうな土地になります。おばちゃんの話なのでどこまで信じていいかわかりませんでしたが、おばちゃんの話も一理あると思い、すぐに売却するのを断念しようかと思いました。だからと言って、このまま親父の家を空き家で放っておいても、荒れ果てて固定資産税だけは払い続けなければなりません。

けっして家計に余裕のない自分にはきついなと思っていた時に、たまたま三木先生を紹介してもらいました」

私は、ここら辺りは賃貸需要のある地域で、物件もさすがに大工さんのお父さんが

売れない空き家をセルフリフォームで、固定資産税の10倍以上の家賃収入に

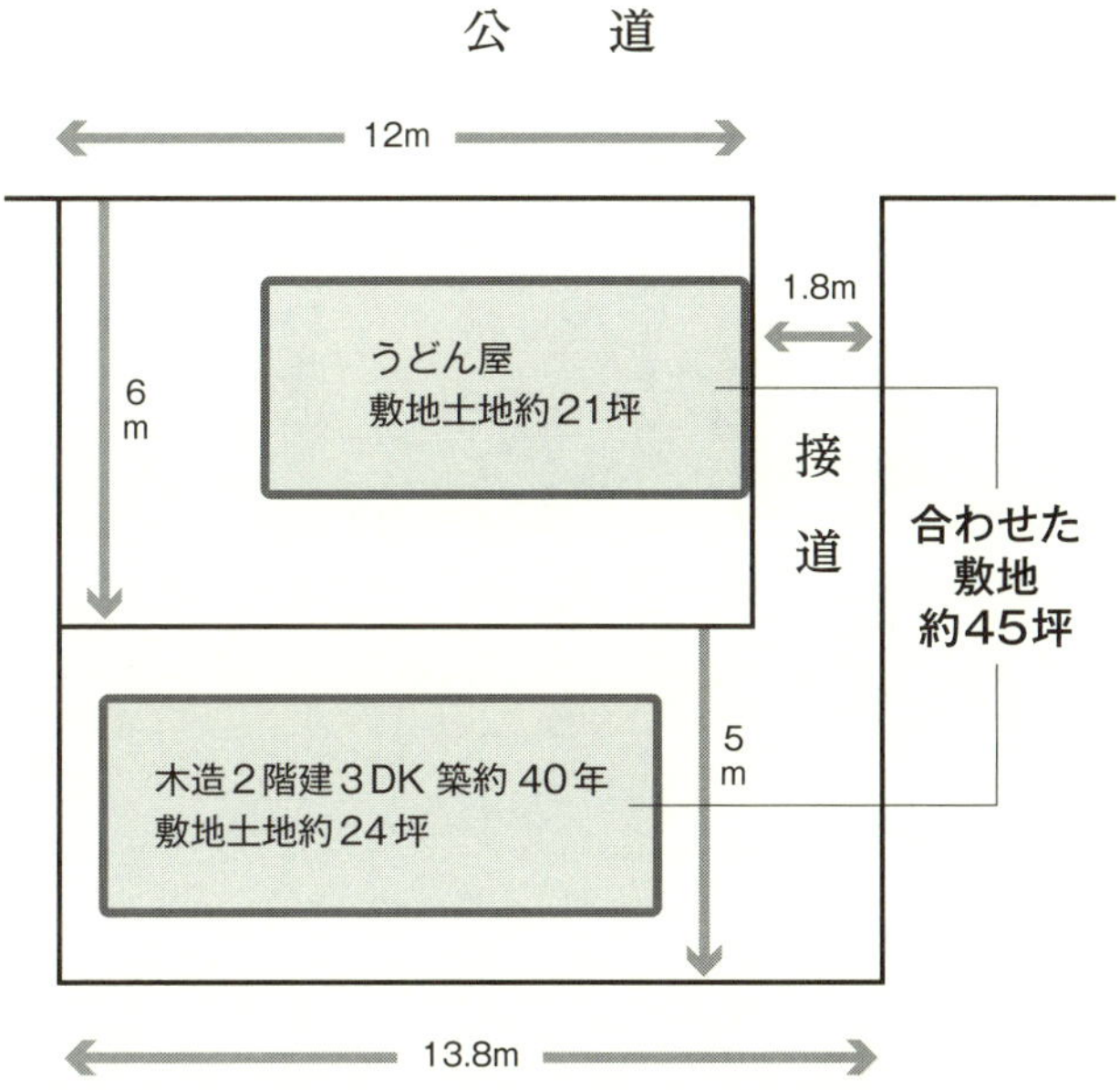

※接道は2m以上ないと再建築不可。

住んでいただけあって、こまめにメンテナンスされて雨漏り1つない状態でしたので、賃貸住宅として貸すことを提案しました。

竹村さんは築年数が古いこんな家に住む人がいるのだろうかと、最初は私の提案を疑問に思っていました。

私は竹村さんに、まず古いが建物がしっかりしているので、少し今ふうにすれば十分入居者があること、しかも古いと言えども戸建賃貸なので、小さなお子さんがいて、音の問題を気にされる方なら入居してくれること、それに間口が狭いが軽自動車なら駐車できるスペースがあるので家の前に車が停められることなど、メリットがあるとお伝えして、賃貸の可能性や想定家賃等もお話ししました。

それからしばらくして、竹村さんがまた私のところを訪ねて来ました。

「私は、三木先生の話を聞いて半信半疑な気持ちもありましたが、この数年はなんとか物件を維持して、うどん屋さんが売却する時のチャンスを待とうという気持ちになっていました。

三木先生の言うように賃貸住宅にするには、リフォームしなければなりません。最低でも業者に頼めば100～150万円はかかりそうでした。しかし、入居するかどうかもわからない古家に、そんなお金をかけることはできません。もし賃貸住宅にするならとリフォーム代で困って、またしても三木先生に相談に来ました」

私は、入居者は必ず見つかるとお話ししたうえで、リフォームについては、壁の補修とクロスの張り替え、そしてペンキの塗り替えで大丈夫だと話しました。

また、たとえば和室を洋室にしたり、風呂場を改装しなくてもいいと提案して、なおかつクロス替え程度なら、セルフリフォームでできるので、私はセルフリフォームを教えてくれるスクールも紹介しました。

竹村さんは、セルフリフォームに興味を持ったようで、教室に通い出しました。

「三木先生の話を聞いて、私もどうせ家の近くなので、リフォーム代をあまりかけず、自力投入でなんとかやってみようという気になってきました。

さっそく、三木先生が紹介してくれたセルフリフォーム教室に申し込みました。リフォーム教室もそんなに安くない代金でしたが、習った内容で、三木先生の指摘したリフォームはできると思い必死で学びました。実はこの時、やっかいだと思っていたリフォームが、とても楽にできることを知りました。

一般に若い人が嫌がる土壁・綿壁のリフォームに専用のペンキを使ってカラフルに塗り替え固めて、壁の土が落ちないようにできることを知りました。土壁をそのままでカラフルにリフォームできることは、私には目から鱗でした。

いよいよスクールも終え実践、親父の家のリフォームです。

毎週末の土日の半日ぐらいをかけて、徐々にクロスの張り替え、土壁のペンキ塗りを行いました。家の所々には、私と親父が住んでいた頃のいろいろな思い出の傷があったり、思わぬ思い出の品が残っていたり、リフォームをしながら昔のことを思い出して、涙を流しながら壁紙を張った日もありました。

業者に任せていればそれまでだったことが、自分でリフォームしていると各部屋での出来事がフラッシュバックしてきました。私は、親父の家に語りかけるように壁紙1枚1枚、ペンキの刷毛のひと塗りひと塗りを重ねていきました。

親父がよく言っていた『家はな、人が住まないと逆にドンドン傷んでくる。家は人が住まなくなると死んでしまうんや！』という言葉を思い出し、入居者に住んでもらい父親の家に命を吹き込むつもりで作業をしました。

結局、最終的にリフォームができ上がるのに、１カ月半ほどかかりましたが、それなりにカラフルで若い夫婦でも喜んでもらえる感じになりました。

リフォームコストとしては、私の人件費を無視すれば、材料費は20万円、それとどうしても自分でできないところを分離発注して30万円ほどかかりましたが、最初に想定していた予算の半分ほどでできました。

三木先生には、事前に入居者募集も近隣の業者に頼んでおくように言われていましたので、リフォーム中も物件の内覧に何組か来ていました。すると、完成したと思ったとたんにその内覧者のひと組から申し込みが入りました。

三木先生からは、入居者はすぐに見つかるよと言われていましたが、これほど順調に決まるとは思っていませんでした。

申し込んでくれた方は若いご夫婦で、１歳の女の子と４歳の男の子がいて、男の子が近くの保育所に通っているそうです。やはり今住んでいるマンションではよく下の階の方に男の子がドタバタするので叱られていたそうで、今の家賃とほとんど変わらず戸建賃貸に住めることをとても喜んでおられました。

三木先生にうどん屋さんの売却時には同時に売却することも考えて、退去してもらいやすい賃貸契約の定期借家契約で結ぶことだけは、必ず守るように釘を刺されていましたので、それだけは条件として守ってもらいました。

三木先生に勧められなかったら、あのまま何もせずに、親父の家の固定資産税を払い続け悶々《もんもん》とした時間を過ごしていたかもしれません。

今では逆に固定資産税の10倍以上の収入を得る側になり、大きく状況は変わりました。

私たちの家計の足しになり、妻も親父の家に感謝しています。

まだうどん屋さんも細々ながらやっていっているようなのでどうなるかはわかりませんが、私は親父の家をセルフリフォームできたことでもう一度親父と暮らせた気がします」

竹村さんのように、何らかの事情で自分の住まないお家を引き継ぐ人はますます増えてくるように思います。しかし、皆が多額のリフォーム代を負担して賃貸住宅に転用できるわけではありません。

でもしその住宅が賃貸転用できて、まだ使えるようでしたら、**自らのDIY（do it yourself）によってリフォームして再生することもできる**のです。

その後も竹村さんは身につけたリフォーム技術で、自宅もいろいろ改装したり、今度は古い家を買ってリフォームしてみたいなんて壮大な計画を考えているようです。

売れない空き家物件が売買物件に変わってしまう

相続で親の物件を引き継いだ北田さん（仮名）の物件は、かなりやっかいな物件でした。

大阪で大企業に勤めて、立派な家を住宅ローンで所有していた北田さんは、大阪市に隣接している東大阪にある小さな連棟の家を相続しました。

この家は地方から出て来て町工場の職人として働いたお父さんが、当時の少ない退職金で手に入れた中古の小さい家でした。当時、お父さんは現金で買ったことを自慢していました。

しかし、定年で仕事をしなくなると気が抜けたのか、65歳になったとたんに亡くなってしまいました。すでに母親も他界していましたので、長男の北田さんがその家を相続することになったのです。

しかし、自分も住宅ローンで購入した家を持っているので、この実家を売却してローンの足しにしようと考えていました。すぐに近所の不動産業者に相談した北田さんは、そこで思わぬことを聞かされました。

「この物件は再建築不可で連棟なので誰も買いませんよ。売れませんね」

1年前まで父親が住んでいたこの家は、古いとはいえまだ十分に住むことができます。北田さんはほかにも3社ほどの不動産業者に回りましたが、みんな同じ回答でした。

どうも、家の前にある3メートルほどの通路が、法律でいう公道ではなく住む人のための通路として使われているものらしく、公道に接していないこの建物は、再度建物を建て直すことができない物件だったのです。もし建て直すなら、連棟の建物全体を建て直すしかない物件でした。

ひどい業者は50万円なら引き取ってもいいと買い叩きを提案されて、北田さんもイヤになってしまいました。結局、不動産屋も買い取ってくれず、売るに売れない物件になっていました。

そこで、売ることをあきらめて、賃貸住宅にでもしようと入居者を募集したのですが、1年たっても入居者が決まりません。そこで、私に入居募集の方法を相談に来ました。

現地を見た私は正直、これは決まらないなと思ってしまいました。部屋はただ掃除がされている程度でキッチンも昔のまま、トイレも和便器、風呂もタイルばりの昔ながらのままでした。これでは今の入居者の需要に合いません。最低でも200万円をかけて設備の刷新をしないと入居者は見つからないと正直にお話ししました。

しかし、北田さんにとっても住宅ローンを抱え、子供の教育費もかかり、生活も目一杯の中で200万円を支払う余裕はありませんでした。

売ることもできず、貸すこともできない。北田さんは絶望的な状況に陥っていました。私と相談している間にもみるみる顔色が暗くなっていくのがわかりました。

そこで私は、200万円かければ月最低5万円では貸せると思ったので、その場からある大家さんの会の方に電話をしました。

「再建築不可で築古の連棟ですが、200万円ほどのリフォームをすれば月5万円は家賃が取れる物件なので、検討しませんか？」

隣では北田さんが、不動産業者にも売れない物件なのになんで今さら売却の話をしているんだと、少し怒ったような顔つきで聞いていました。

私はかまわず、その大家さんの会の方に話を続けました。私はこの大家さんの会では、再建築不可でも問題物件でも賃貸で貸して採算が合えば買ってくれることがわかっていましたので、詳しく物件の話をしました。会の方は、仲間の中でそのエリアで賃貸物件を探しているものがいるので、すぐに声をかけると言って電話を終えました。

北田さんは私に忠告するように、「業者で50万円と言われた物件です。まして素人の大家さんならもっと買い叩かれるのではないですか。自分はそんな安い価格では売るつもりはありません」とキッパリ言いました。

私は、少しなだめるように、北田さんにもう少し私に任せてもらえないかと言って、1週間後にお会いすることにしてその場はお引き取りを願いました。

1週間後、面倒臭そうにやって来た北田さんに、「150万円なら買ってもいいという人がいますがどうします？」とすぐに切り出しました。

北田さんは、「えっ、150万円で買いたい人がいるんですか？ 本当ですか？」と何度も聞き直しました。そんな人いるわけがないと言わんばかりでした。

そこで、私は不動産業者が買い取る場合は、再建築と再販ができることを前提にしていますが、この物件ではそれができないので不動産業者にとっては二束三文にしか考えられないことを説明しました。

逆に現状の建物を活かしながら賃貸住宅に転用する大家さんは、利回り重視で売却が前提にないので、良い利回りで貸せるなら再建築不可でも厭《いと》わない人もいるということも説明しました。

たとえば、この物件を150万円で購入してリフォーム代を200万円かけるとします（350万円）。これを家賃5万円で貸すと、年間家賃は60万円ですので、利回りが17％強もあります。銀行に350万円預けても0・025数％ほど、1年間で数千円にしかなりません。

そう考えると、お金を持っている人にすれば、お金を投資する絶好のチャンスなのです。けっして不動産業者より安く買うというわけではありません。

もちろん、北田さん自身がリフォーム費を負担して賃貸することもできますよ、とお話ししました。

しかし、さんざんイヤなことを言われた物件なので、その家に執着はなく、不動産業者が提示した金額の3倍の金額で買ってくれると言うならとその場で即決しました。

北田さんいわく、「こんなに問題があると思っていた物件が処分できてうれしい。これから一生固定資産税を払いながら買い手もつかず空いたままの家を持ち続けなければいけないのかと思い、気が遠くなっていました。視点を変えるといろいろな活用方法があるのだと知りました」とホッとしながら喜んでいました。

あなたにも突然、住宅を相続する可能性がかなりあります。

その時、その資産を死産にするのも活かして宝にするのもあなた次第なのです。

今の日本では、誰もが潜在的資産家です。これを土台にしてより大きく資産拡大できるか、それとも腐らせてしまうか、資産づくりの手腕がある人とない人とでは大きく差がつきます。

第3章

空き家不動産投資で資産をつくるためのライフプラン

生涯いくら稼げば豊かな生活が保障されるのか？

あなたが家族と豊かに暮らすためには、いったい生涯でいくら稼げばいいのでしょうか？

たしかに一流大学を出て有名企業に勤めている人であれば、他人が羨《うらや》むくらいの給料をもらい、福利厚生や年金もしっかりしていて、豊かで素晴らしい生活が送れているものだ、と誰もが思っています。

しかし、私は親友のファイナンシャルプランナーのM氏と、豊かに暮らすには、いったいいくらの生涯年収が必要だろうか、侃々諤々《かんかんがくがく》、膝をつき合わせて一度試算したことがあります。

そして、豊かに暮らすための理想的な前提条件をシミュレーションしてみました。

ここに25歳同士のメガバンクに共に勤めている夫婦で、妻は結婚・出産のために退社、現在、長女が3歳、長男が0歳となった家族がいます。まさに絵に描いたような羨ましいエリート家族です。

結婚後すぐに買った住まいの住宅ローンは4000万円で35年払い、年3％の元利均等で返済していきます。

ご主人の給与は年収1200万円で、毎年1回、家族で海外旅行に50万円を使っています。

車好きのご主人は、5年ごとに500万円で新車を買っています。

ご主人は月5万円の小遣いと奥さんも月3万円の小遣いを使います。

毎月2～3回の外食費は予算3万円。

収入のうちの58％は貯蓄に回すようにしています。

子供2人には、行き届いた教育をするため、小学生からオール私学に通わせます。

どちらのお子さんも優秀で私立医学部に合格卒業。

ご主人の退職時には3500万円がもらえるとします。

その後、ご夫婦とも子供の資金援助なしに90歳まで生きるとします。

サラリーマンの家族としてはかなり理想的な豊かな生活設計だと思います。

生涯これくらいの生活ができれば、頑張って一流大学を卒業し、一流の会社に就職し頑張ったかいがあったと、経済的には悔いのない人生でしょう。

では、これだけの生活を生涯続けるにはどれくらいの生涯年俸がいるのかをファイナンシャルプランナーのソフトで計算してみました。ファイナンシャルプランナーのライフプランソフトはいろいろあるのですが、このご夫婦の前提条件を入れると、ほとんど変わらない結果が出ると思います。

さて、その生涯年収はというと、

8億3981万円。

理想的な生活を送るにはこんなに必要なのです。

私とM氏は目を疑いました。２人とも絶句したまましばらくはしゃべることができませんでした。これじゃ、ほとんどのサラリーマンが豊かな生活を夢見ても叶わぬ夢ではないか……。

豊かな生活をするための条件で、生涯いくらかかる？

▶ 家族構成と仕事

- 28歳夫婦
- 長女3歳、長男0歳
- 共に金融機関勤め（妻は25歳退職）

▶ 年収および退職後の収入

- 年所得1200万円
- 退職金3500万円
- 65歳で定年（70歳までは月10万円の収入）
- 年金は現行法の半額

▶ 生活費用

- 住宅ローン4000万円（35年ローン、元利均等3%）
- 子供は2人とも6年制の医学部までオール私学
- 毎年海外旅行50万円
- 車は5年ごとに500万円
- 小遣いは夫月5万、妻3万円
- 毎月の外食費3万円

▶ 生活条件

- 毎年の収支の58%を貯蓄
- 90歳まで夫婦ともに生きる
- 子供の資金的な援助がなくても生きていけるレベル

生涯年収 ➡ 8億3981万円が必要

しかも、一流の大学を出て、一流の会社に就職すれば、豊かで幸せな生活が約束されている……こんな方程式は実はとっくの昔に消え失せています。

今や会社の給料だけでは、あなたの幸せは得られません。それ以上に収入を増やさないかぎり、あなたの夢見る幸せな人生は叶えられないのです。

どんなにお金持ちでも欠乏感がなくならない理由

一流企業に勤めて人も羨むような給料をもらっていても、テレビで見るような豊かで素晴らしい生活ができない現代、あなたは何か言い知れぬ欠乏感に見舞われることはないでしょうか？

なぜならば、先ほども書きましたが、あなたがたとえ現在の日本で平均以上の給料をもらっていたとしても、それでも絶対的な収入不足があるからです。

なにせ生涯収入で8億3981万円必要なのです。おそらくほとんどの人が達成できないのではないでしょうか。

このような言い知れぬ欠乏感から脱出し豊かになるためには、あなたの収入だけでなく、資産づくりの能力を発揮して富を生み出すしかありません。

私のお客様に、周りから見れば豊かな生活を送っている方がいました。大阪で皮膚科を開業している杉田さん（仮名）は大変人気のお医者さんで、いつも患者さんであふれかえっていました。周辺ではナンバーワンのクリニックで、家もクリニックの近くに土地が100坪もあり、大手ハウスメーカーの大豪邸を持っています。車もご主人はベンツ、奥様はアウディに乗っていて子供を私立の幼稚園にいつも送迎しています。

このような姿は、近所の人たちからは羨望《せんぼう》の的です。

しかし、お医者さんである杉田さんはいつも不安でした。

彼に何かあれば、生命保険も十分に入っているので家族に迷惑をかけることもありません。しかし、なんとなく将来に不安で、元気なうちはいいのですが、自分が病気になったり仕事がうまくいかなくなったらどうしようかと不安になっていたのです。

贅沢《ぜいたく》な悩みに見えますが、本人は真剣です。杉田さんはお金を稼いでいるだけでは、豊かな生活の実感が湧かないようでした。

そこで私は、クリニックのある土地に、1階を診療所にして、その上に20室の賃貸住宅のある5階建てのマンションを建てるプランを提案しました。

クリニックの土地と建物は杉田さんの所有ですが、老朽化も進んでいたので建て替えを考えていました。医療法人としていろいろクリアーしなければならない点はありましたが、彼はそのプランを採用しました。

駅からも近く便利なところなので、20室は月6万円の家賃であっという間に満室になりました。月間120万円の収入です。

診療所も清潔感がある明るいデザインにしてますます患者さんが増えました。また、建築費の借金返済はあり、20年のローンでしたが、この調子なら10年で返せます。

これなら杉田さんが働けなくなっても家族で十分にやっていけます。住宅部分の家賃と、1階のクリニックは誰かに貸せばいいし、極端に言えば、今引退しても若い先生に今の患者を引き継がせてやってもらうこともできます。

これまでは、自分が頑張らなければと強迫観念のように働いていましたが、今は精神的にも経済的にもゆとりができました。早くローンを終わらせたら、自分の趣味の写真で世界中の風景を撮る旅がしたい、彼はこんな夢を語りました。

もちろん、医者でクリニックも繁盛して、すでに土地も所有していて、他人から見れば理想的な生活をしている人です。しかし、こんな人でも将来に不安を感じているのです。

杉田さんの何となくあった欠乏感はなくなりました。実体のある見える形で賃貸不動産を持つことで、自分が働かなくても稼いでくれる資産を実感し、自分が働かないと家族が食べていけない、頑張らないとダメだという、強迫観念と金銭的な不安感から解放されたのです。

私が20室の賃貸マンションをつくるようにアドバイスしたのは、杉田さんと話している間に月100万円を超える収入を実感できれば、何となく抱いていた不安感は解消できそうな感じがしたからです。

人それぞれ、安心できる収入があると思います。そこまで実感できれば人は精神的に安定するものなのです。

つまり、**働いてどんなにお金を稼いでいても、安定した資産がなければ心の安定は得られない**のです。

正しい借金と間違った借金がわかれば、レバレッジを利かせることも可能

先ほどの杉田さんの例は、おそらくほとんどの人が当てはまらないでしょう。例として適切だったかどうかわかりませんが、あれほど裕福な生活をしている人ですら欠乏感というものはなくならないのです。

さて不動産投資と言っても、多くの人は資金ゼロ、借金（ローン）をして資産をつくらざるを得ません。

そこで、ぜひ肝に銘じてほしい「人の財宝を借りるに、正邪の二つあり」ということわざがあります。

どういうことかと言うと、昔から他人からお金を借りる場合は、正しい場合と悪い場合があるという意味です。

正しい場合とは、商売上の資金で、収支がしっかり合ってお金がお金を生むことのために使われ、しっかりと返済することができることです。また、悪い場合とは、ダメな借り方のことで、華美贅沢な暮らしのために使われる消費的な借金です。

昔から借金には、**良い借金と悪い借金**がありました。

資産づくりで金融機関から借りる場合は、良い借金です。どうやって返済するかまできちんと算段されたものだからです。これは、お金をより効果的に働かせるための借金です。

また、「風に願いて呼ぶ」ということわざもあります。直訳すると、風の流れを使って、遠くまで声を届けることです。ほかの力も利用して大きく成長させるという意味もあります。

あなたの資産づくりを大きくしていくためにも、このことわざのようにほかの力も利用する必要があります。資産づくりの場合は、次のような手法を指します。

「少ない自己資金でも大きな資金を動かせる『レバレッジ』という考え方」です。

「レバレッジ（Leverage）」とは直訳すると「てこの力」ということで、経済用語では、少ない自己資金と他人資金（銀行ローン等）の両方を使って、大きな資金にして投資する方法です。

たとえば、自己資金が１００万円で10％の年間利回りであれば10万円の運用益が得られます。これをレバレッジを利かせて900万円の借入れを受けて、1000万円の資金で10%の年間利回りであれば、100万円の運用益が上げられます。

このような運用益を高める方法を、レバレッジを利かせると言います。

この方法を使えば、同じ自己資金100万円でも、一方は10万円、かたやもう一方は100万円の運用益を得られることになるわけです。


不動産投資のレバレッジを利かせるとは、100万円の頭金で購入する不動産を担保に入れて900万円の銀行ローンで1000万円の物件（もしくは1000万円分の物件）を購入するような場合です。

そうすると年間利回りが10%とすると、単純に100万円の投資なら年間10万円の家賃収入ですが、1000万円の投資なら100万円の家賃収入が得られるというわけです。

もちろん借金の金利が10%を超えてしまえば、まったく借金の意味がなくなります。あくまで、投資利回りがあなたの借り入れ金利より高い時にレバレッジの効果があります。

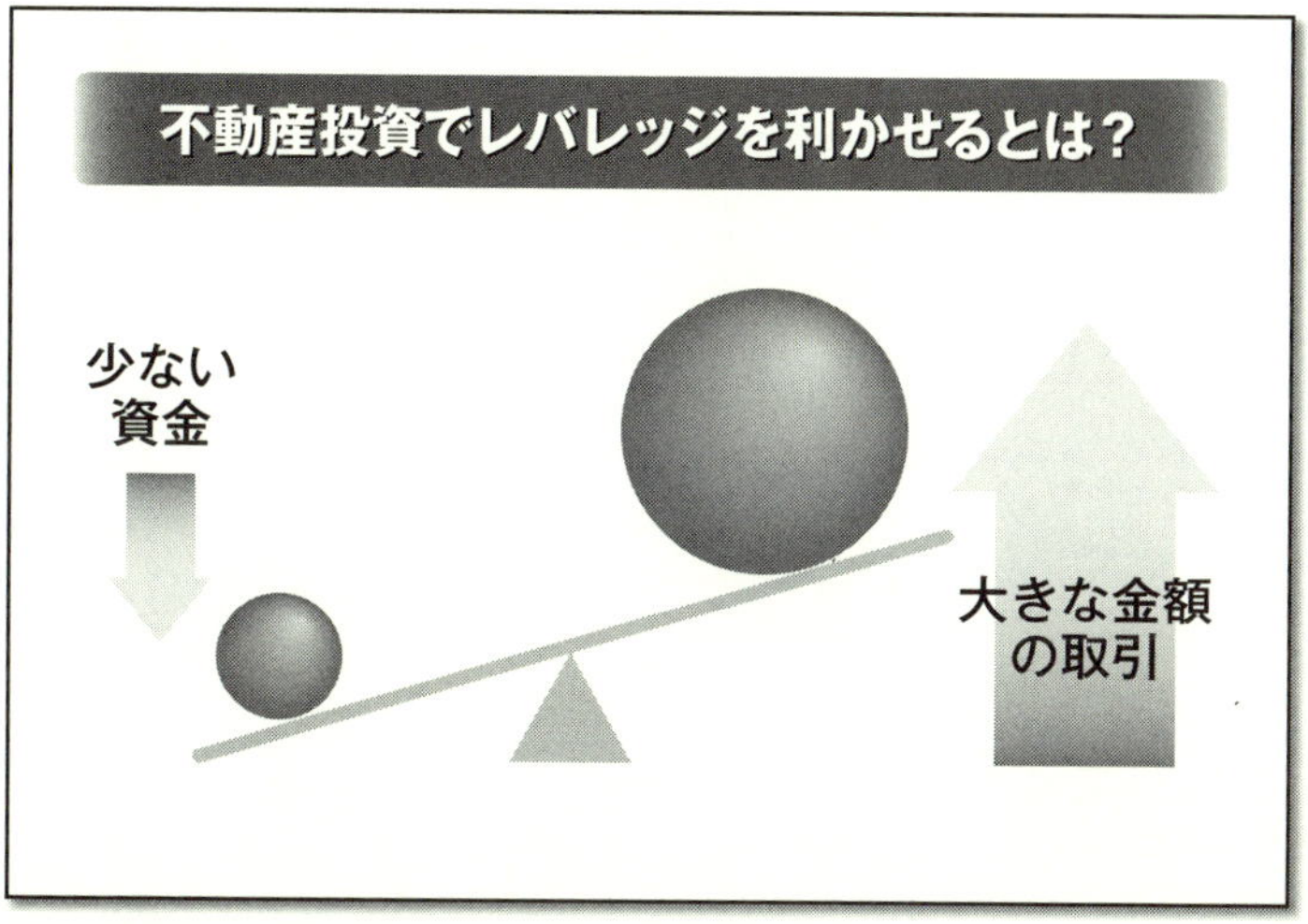

このように不動産投資の場合は、単純に自己資金だけによる不動産投資ではなく、ローンも利用してより家賃収入を増やし、レバレッジを利かせることでより運用利回りを高めます。

ローンを利用するため金利の負担や返済もあるので、まるまる運用益を手にするわけではありませんが、同じあなたの自己資金をより効率よく増やしていく投資をするためには、レバレッジを利かせることも大切な手法です。

これは銀行のローンを受ける場合の担保として提供できる資産だからできる、不動産投資の特徴です。

借金（ローン）が負債になる時、資産になる時

借金をしてモノを買う場合には、何らかの金銭的収益（リターン）がある場合は「投資」と呼べますが、金銭的収益がなく、ただ自らの満足のために買ったモノの借金は「負債」と呼ばれます。

先ほどの「人の財宝を借りるに、正邪の二つあり」ということわざで言えば、「投資」は正、「負債」は邪の借金です。

不動産投資の場合は、借金してもそれに見合う家賃収入があれば「投資」と考えられます。では、同じ不動産でも自宅を買った場合はどうでしょうか?

自宅の住宅ローンでは、自分の収入から支払うばかりで、なんら金銭的収益は生み出しません。言い換えれば、自分の賃貸の家賃がローン返済に変わっただけです。

どちらかというと、借金返済を抱えた「負債」と言えるものです。

銀行ローンで立派な家を買うこともけっして悪いことではありませんが、将来の資産形成を考えるとあまりお勧めできません。

借金は買う物によって、「投資」でもあり「負債」でもあるのです。あなたが将来、資産を得たければ、借金する時は「投資」のために行うべきなのです。

住宅ローンの返済は賃貸物件の入居者の家賃でまかなう

あなたの住宅ローンは、一般的にはあなたの社会保険や源泉税を差し引かれた大切なお給料から支払いされるはずです。そのために生活費を切り詰めたり、小遣いを切り詰めて払っているはずです。

しかし、これが不動産投資のためのローン返済の場合は、入居者の家賃収入から支払われます。そのため、あなたの給料から支払うことはないので、生活を切り詰める必要はありません。

利回りのいい投資物件の場合なら、余剰資金さえ残って、生活資金に余裕が出ます。

たとえば、５０００万円の不動産投資をしたとしましょう。20年のローンで返済していく場合、毎月の返済分は20万〜30万円くらいでしょう。

10％の年間利回りがある物件なら、月40万円強ほどの家賃収入がありますので、返済を十分まかなえます。

あなたは大切な給料から何も負担するものはありませんので、借金を抱えるというリスクはありますが、生活に金銭的影響は出ません。

自宅の住宅ローンなら、すべてあなたの給料から支払わなければなりません。不動産投資なら、あなたの生活資金を切り詰めることなく、ローンの返済は入居者の家賃で行えて、20年後には5000万円相当の資産が手に入っているのです。

何か狐につままれたような話ですが、不動産投資でレバレッジを利かせてあなたの自己資金を働かせると、あなたの大切な給料を減らすことなく簡単に資産を手に入れることができるのです。

不動産はお金を生み続ける「魔法のランプ」

あなたは、もし魔法のランプを手に入れたらどうしますか?

すぐ誰かに売り飛ばしますか? それとも手放さずに持ち続けて、どんどん膨らむ夢を叶えていきますか?

あなたが、おとぎ話の読者なら、魔法のランプを二束三文で手放してしまう骨董品屋の店主をバカだなと思うはずです。

ではここで、仮に60坪の土地をもらったAさんとBさんがいたとします。

Aさんはこう考えました。今なら坪50万円で売れます。税金を20％取られても2400万円が手に入ります。そこで、すぐさま土地を売りました。

毎月10万円ずつ、生活費として余分に使うと20年間はプラスの収入です。

一方、Bさんは別の方法を考えました。60坪なら40平米ほどの1LDKの部屋が10室あるマンションができる。1部屋5万円で貸せると月50万円の家賃になる。建物の建築費6000万円の20年ローンは毎月の家賃で払う。

そうすれば、20年後には、土地60坪の資産価値3000万円と建物6000万円と毎月50万円の家賃が手に入ります。

土地を売ったAさんは、それまで20年間10万円ずつ自由に使えて、生活を謳歌《おうか》しました。しかし、マンションを建てたBさんも、実は毎月10万円使えるだけのキャッシュが残っていたのです。

6000万円を金利3％の元利均等、20年で借りると月々の返済は33万2700円で、月50万円の家賃で差し引けば、16万7300円が残ります。ただし、空室のロスや維持管理費のために使わずに置いておいたのです。

さて20年後、AさんとBさんではどれだけの資産の差ができているでしょうか？

もちろん、Aさんは使い果たしてゼロ。一方Bさんは、総資産9000万円と毎月の家賃50万円が残っています。

Aさんは、魔法のランプの使い方を知らなかったので二束三文で売ってしまった骨董品屋の店主です。かたやBさんは、魔法のランプを使いこなした賢い資産家です。

このように**同じ資産を与えられても、働かせることができる人とできない人で時間がたつほどすごい格差ができてしまう**のです。


このように、土地がお金を生み出してくれる魔法のランプだと考えると、あなたはこの土地を手放さないのではないでしょうか？

また、こうした魔法のランプから、お金を生み出す量はあなたの能力で大きく変わります。

要は、資産を働かせる能力が大切なのです。

生涯年俸が8億円以上ない人は、資産づくりするしかない

先ほど分析したライフプランニングから見ると、一流企業のサラリーマンでさえ豊かな悠々自適な生活を送ることが難しいことがわかりました。

でも、豊かになる方法は、お金を稼ぐだけではなく資産づくりによってもできることもわかってもらえたと思います。

これからの経済情勢を考えると、ますます稼げる人と稼げない人との格差が広がっていく状況です。

それがそのまま、子供の教育レベルまで直結していきます。あなたがこのまま格差社会の流れに乗ってしまうと子々孫々まで、格差が影響してしまいます。

インドのカースト制度ではないですが、政治家の息子は政治家、医者の息子は医者、お金持ちはいつまでもお金持ち、貧乏な人間はいくら努力しても貧乏なまま。

だからこそ、私はあなたに資産づくりを知ってもらい活用してもらいたいのです。

資金がなくても、収入が低くても、億単位の資産を築くことができることを利用して

格差社会の悪い循環から抜け出してもらいたいのです。

あなたはお金持ちになることをあきらめる必要はありません。あなた以上に稼いでいる人よりも、またあなた以上の能力や学歴がある人よりも、あなたは数倍の資産を築くことができるのです。

この知識がないと、あなたの子孫は格差社会の中で、ますます水をあけられ子々孫々とも豊かになれないかもしれません。でも、資産づくりを身につけて、自らの力で豊かで幸せになる方法に舵《かじ》を切れば、時間の経過とともに雪だるま式に、あなたの周りの人も幸せを手に入れられるのです。

格差社会から解放されるには、資産づくりで豊かになるしかないのです。

お金儲けと資産づくりは違う。誰でも資産づくりは簡単にできる！

あなたは、お金儲けする能力と資産をつくる能力はまったく別の能力なのをご存じでしょうか。

たしかに、お金をたくさん稼いでいる人は、それだけたくさん使うため豊かな生活をしているように見えます。

このような稼ぐ能力は本人の能力に依存し、ほかの人が真似できません。

しかし、資産づくりは、少ない資金もしくはまったく資金がなくても小さなところから雪だるま式に資産を形成し、いざとなった時には、あなたを含めて家族や一族をすべて救い、子々孫々までなくなることのない富を築き上げます。

時間のスパンも長く、また代々引き継がれていくものなので、引き継ぐ人間の能力に依存することなく、どんな時でも、誰でも一定の成果を上げていけます。いわばマニュアルのようなものです。

世の中には、すごくお金儲けがうまい人、スポーツ選手のように時代の寵児としてすごい収入を得る人がいます。彼らは類《たぐい》まれなる能力で、その時代の時流に乗り、その時代の要請に応えて莫大なお金を稼ぎます。

しかし、そのようなことは栄枯盛衰《えいこせいすい》、諸行無常《しょぎょうむじょう》のこの世界では長く続きません。

たとえば、超売れっ子の芸能人が稼ぎまくっていたのに、売れなくなると、とたんに自己破産してしまいます。また、最先端の技術を駆使して、世界市場を席巻していた会社が、新しい他社の商品の出現で、一瞬のうちに倒産してしまいます。

少し例を挙げても、あなたが目にしている出来事ではないでしょうか?

なぜ、あんなに華やかで天才的なお金持ちが簡単に破産してしまうのか不思議に思ったことでしょう。

それは、もう1つの能力を持ち合わせていなかったからです。

せっかく稼いだお金を資産として残せなかったことで、とたんに破産してしまうのです。

つまり、**お金を稼ぐ能力が高くても、お金を残して資産を築くことは別の能力**なのです。

では、資産をつくる能力は、特別なものなのでしょうか?

けっしてそんなことはありません。原理原則を守れば、普通のサラリーマンでもしっかり資産を残すことができます。

資産づくりは、本人もビックリするくらい楽に簡単にできるものなのです。

ほんの小さな資金からでも雪だるま式に大きく簡単に膨らますことができます。あなたが、華々しく世間の脚光を浴びて稼ぎまくるスターになるのは難しいかもしれませんが、あなたが一生困らないくらいの資産をつくるのは、実はそれほど難しいことではないのです。

少額不動産投資から資産づくりを始めるしかない

第2章で、私が神山さんにアドバイスした方法は、実はもっと応用が利きます。

神山さんは公庫でお金を借りましたが、実は400万円までは預金を貯めてそれで物件を1軒買うところから始めるほうが、1億円の資産は短期間でつくれるのです。具体的に言うと、無借金で1億円の資産と毎月125万円（年収1500万円）を約27年で手に入れることができます（113ページ詳述）。

不動産投資と言えば、すごい借金をしてリスクを負って始めなければならないと思っている人も多いと思いますが、まるで預金感覚で資産づくりができるのです。最近では、神山さんのように数百万円程度の物件を現金で購入して、改装後に賃貸して不動産投資を始めている大家さんがいます。

まさか、そんな値段で買えるはずがないと思った人も多いと思いますが、実はこのような物件がかなり出回るようになりました（口絵5〜8ページ参照）。

現在の日本ではなんと住宅は820万戸も空き家があると言われています。そんな人の住まなくなった物件の中には二束三文で取引されているものがあるからです。

このような物件に目をつけた人が、安く買って改装後に賃貸物件に転用して、すごい利益や利回りを上げるようになりました。

これまで、「売り住宅＝自分が住む家」という発想しかなかったものが、現在は賃貸住宅に転用して再生する人が出てきたのです。

住宅過剰時代の現在だからこそ、できるようになった不動産投資術です。

誰も見向きもしなかった物件ですから、本当に安く取引されています。

たとえば、大阪の大家さんの大山さん（仮名）は、敷地が小さく不動産業者も見向きもしなかった、東大阪市で10坪築30年を超える2階建ての住宅を150万円で買い取りました。

その物件を100万円かけてリフォームして、賃貸住宅として貸し出しました。

そうすると、1カ月もたたないうちに、母子家庭のご家族の入居が決まりました。

毎月の家賃が５万２０００円（年間62万４０００円）で、投資の利回りが24％に達しています。

大山さんいわく、

「もしこれだけの投資金額を預金しても年に６２５０円ほどの利息しかつきません。でもこのように少額で不動産投資すれば、年間62万４０００円の家賃収入が得られます。なんと預金利息の約１００倍です。私はこれからも、銀行でお金を遊ばせておくくらいなら、不動産投資をしていくつもりです」

どうでしょうか。いかに不動産投資のほうが、銀行の預金より利回りがいいかわかると思います。

現在のように、住宅過剰時代では、今までには考えられなかった少ない資金から不動産投資を始められるようになったのです。

なにも特殊な投資ではなく、今の日本であふれかえっている空き家の事実を知ってもらい、あなたの資産づくりのチャンスに使ってもらえるといいと思っています。

築30年以上、10坪の空き家が
年間72万円の賃貸物件に

場所：東大阪市
建物：築30年以上（建坪10坪）
条件：四方を家に囲まれた再建築不可の物件。場所的には賃貸需要あり。
購入金額：150万円
リフォーム金額：200万円
家賃：6万円
利回り：20.5%

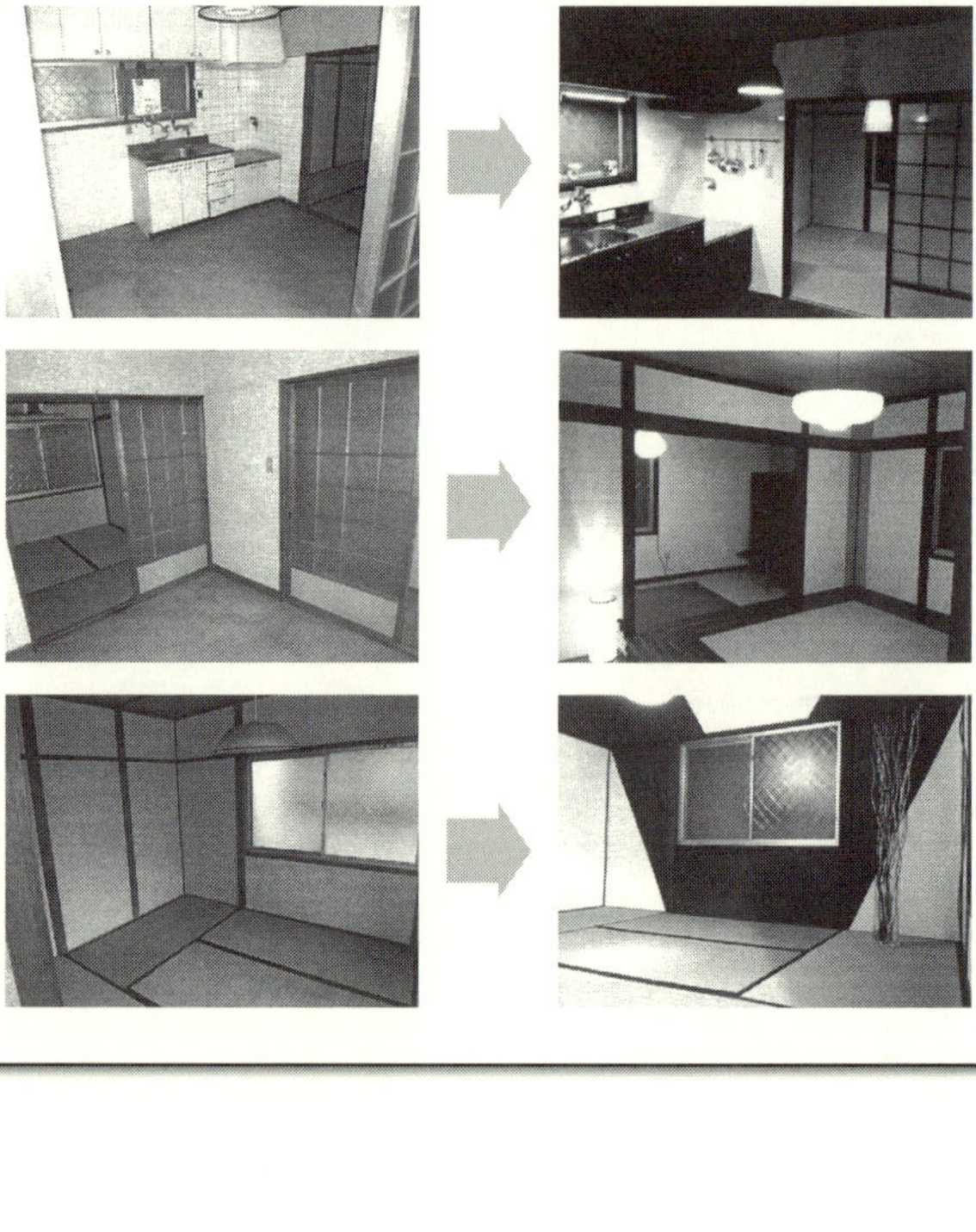

60歳までに1億円の資産をつくるためのシミュレーション

これからの時代、住宅は余り続けます。

高齢化社会になり、住居者が亡くなって空き家になるケース、年を取って戸建に住むことが困難になりマンションに移って空き家となるケース、ローン返済が厳しくなって持ち家を手放すケースなど、空き家は社会問題になっています。

このような古家を再生しながら賃貸住宅に転用するビジネスモデルを使うと、とても面白い投資法が実現できます。しかも、不動産投資をしながら社会貢献までできてしまうのです。

ここに、古家不動産投資で60歳までにどのくらいの資産ができるかをシミュレーションしたものがあります。このシミュレーションから導き出された資産づくりでは、なんと将来、１億円の資産と毎月１２５万円の家賃収入を手に入れることができてしまうのです。このシミュレーションはバブル崩壊以降に競売物件が大量に出回った時に、私の周りの大家さんに指南した**「競売・無借金・戸建賃貸投資法」**です（次ページ表参照）。

低価格の競売物件シミュレーション

	現金購入	月間家賃計	年間家賃計	資金（360万円）	戸数
Ⅰ	1戸購入 300万＋60万 （リフォーム） 利回り20%	6万円	72万円 ⇩ （5年） ⇩	360万円	1戸
Ⅱ	1戸購入 300万＋60万 （リフォーム） 利回り20%	12万円	144万円 ⇩ （10年） ⇩	720万円	2戸
Ⅲ	1戸購入 300万＋60万 （リフォーム） 利回り20%	24万円	288万円 ⇩ （15年） ⇩	1440万円	4戸
Ⅳ	1戸購入 300万＋60万 （リフォーム） 利回り20%	48万円	576万円 ⇩ （20年） ⇩	2880万円	8戸
Ⅴ	1戸購入 300万＋60万 （リフォーム） 利回り20%	96万円	1152万円 ⇩ （25年）	5760万円	16戸

資産（購入価格）360万円×16戸＝5760万円

※360万円の現金で買った物件から、あとは家賃収入資金だけで、20年後には5760万円分の物件、月96万円（年1152万円）の家賃収入が得られるようになる。

※スタートの資金が720万円なら15年で達成できる。

まず、40歳までに360万円の種銭を貯めていたとします。

●40歳
200万円の物件購入。160万円のリフォーム後、月6万円、年間72万円で賃貸します。利回りは20%。家賃はそのまま貯めておきます。

●45歳
家賃を貯めておいたので、360万円が貯まっています。そこでそのお金でまた同じような利回り20%の物件を購入します。これで2戸の所有で、毎月12万円、年間144万円が貯められます。

●50歳
貯めておいた家賃が、720万円になっているはずです。そこでそのお金でまた同じような物件を2戸購入します。これで4戸の所有で、毎月24万円、年間288万円が貯められます。

●55歳
貯めておいた家賃が、1440万円になっているはずです。ここでそのお金でまた同じような物件を4戸購入します。これで8戸の所有で、毎月48万円、年間576万円が貯められます。

●60歳　貯めておいた家賃が、2880万円になっているはずです。ここでそのお金でまた同じような物件を8戸購入します。これで16戸の所有で、毎月96万円、年間1152万円が貯められます。

この古家の再生で対象としている物件は、築20年を超え、一般的な不動産評価では建物評価ゼロで土地値として売りに出されていることが多く、なおかつ、リフォームにかかる費用分を安く買っているので、購入時の価格はかなり安くなっており、資産価値的にもこれ以上は下がりにくい物件になっています。

そこで、将来の評価としても同じくらいの資産価値はあると見てもいいと考えられます。このように、将来にわたり同等の資産価値を有すると考えると、家賃としてのキャッシュフローとともに相当な資産を築けたことになります。

話をシンプルにするために、所得税や固定資産税、そのほか建物の老朽化メンテナンスコスト等省いてしまっている部分があります。

でも逆に想定利回りを20％にしていますので、これ以上の利回りの物件を購入できれば、その部分は吸収することができます。

また、40歳の時に７２０万円で２戸を買ってスタートできれば、15年で達成できてしまいます。

バブル崩壊当時、この話を聞いた中田さん（仮称）は、借金することを極端に怖がっていたので、さっそくこの方法で実行してもらいました。

当時、競売物件も潤沢にあり、想定の物件は何度か入札するうちに直に落札できました。あっさり落札できて中田さんも驚いていました。

最初は、少しずつしか貯まらない家賃に少し焦って、本当にこのペースでいいのか、本当に20年もすれば１００万円ほどの収入ができるのか、とたびたび相談を受けましたが、とにかく、今の家賃を貯めては競売で落札しながら物件を買い増していきましょう、とアドバイスをし続けました。

そして10年目には、シミュレーションよりも利回りのいい物件もあり、さらに借金せずに5戸所有し、月30万円、年間360万円の家賃収入を得られるようになりました。

この頃には中田さんも確信が持てたようで、定年までコツコツ続けていきます、と笑顔で話してくれました。

中田さんのように、バブル崩壊当時に、この方法で競売物件に現金投資して、今やかなりの資産家になっている人もいます。

このシミュレーションがシンプルでわかりやすいのでまずは見てもらいましたが、実は、今はこれほどうまくいかない状況があります。競売の物件が高値で落札されるようになり、なかなか利回り20%を確保することが難しくなっていることと競売物件が減ってきているのです。

かつて民主党政権時に亀井静香大臣が、モラトリアム法案として金融機関に融資条件を緩和させたり返済猶予をさせたりした時期がありました。それ以降、現在にいたるまで、金融機関はなるべく競売に陥らないよう融資のコントロールをするようになっているため、競売になる物件が減っているのです。

借金せずに、35歳から1億円と125万円の家賃収入を手に入れるシミュレーション

現在では一般の取引でお宝物件が取引されるようになり、激安物件は少なくなりました。予算も３６０万円から４００万円に変更、想定利回りは15％ほどの設定になります。

そこで、再度現在の空き家再生投資用に新たな改訂シミュレーションをつくることにしました。先ほど説明しました、60歳までにどのくらいの資産ができるかをシミュレーションしたものと方法は同じです。

まず、35歳までに４００万円の種銭を貯めていたとします。

それを少額の空き家物件に投資して15％の利回りで残した家賃が４００万円貯まるごとに４００万円の利回り15％の物件を買っていきます。

35歳の１月から物件を買い始めたとすると、

●35歳　予算400万円（たとえば200万円の物件購入200万円のリフォーム）物件を購入。月5万円、年間60万円で賃貸します。表面投資利回りは15％になります。もちろん家賃は貯めておきます。

●41歳　家賃を貯めておいたので、9月の時点で400万円が貯まっているはずです、さらに1戸購入します。これで2戸の所有で、毎月10万円、年間120万円が貯められます。

●45歳　家賃を貯めておいたので、2月の時点で400万円が貯まっているはずです。さらに1戸購入します。これで3戸の所有で、毎月15万円、年間180万円が貯められます。

●47歳　家賃を貯めておいたので、6月の時点で400万円が貯まっているはずです。さらに1戸購入します。これで4戸の所有で、毎月20万円年間240万円が貯められます。

以降、400万円が貯まり1戸購入できる時期を記入（購入価格と資産価値が変わらないとする）。

（年齢）	（戸数）	（月額家賃）
49歳（3月）	5	25万円
50歳（8月）	6	30万円
51歳（11月）	7	35万円
52歳（12月）	8	40万円
53歳（11月）	9	45万円
54歳（9月）	10	50万円
55歳（6月）	11	55万円
⇦		
60歳（3月）	19	95万円
60歳（9月）	20	100万円
⇦		
62歳（5月）	24	120万円
62歳（10月）	25	125万円

以上、62歳の10月に400万円物件を買うと合計1億円の資産になります。このシミュレーション通りにすると、借金をせずに35歳から空き家不動産投資を始めて、27年間で1億円の資産と毎月125万円の家賃収入を手に入れることができるというわけです（次ページ参照）。

これなら資金のない人も応用できます。

第2章の神山さんのような資金のない人でも、ちょっとくらい借金してもいいと思う人なら、最初に公庫等で2戸から4戸を8年から10年で返済するとかなり年数を短縮できます。

たとえば、2戸を8年で完済すると、残り20年で手に入れることができます。

また、3戸を完済するとそこから18年後には、資産と家賃収入を手に入れることができます。4戸を完済すると、そこから15年後……。

ここまで書くと、こんなにうまくいくのかと、いろいろ疑問も出てくるでしょう。

そもそも35歳で買った空き家が62歳までもつのかという問題ですが、これは途中で物件を購入して新陳代謝させていくと考えています。

27年間で1億円の資産と月125万円の家賃収入を手にするシミュレーション

年齢	購入月	棟数	家賃計	資産計	経過日数
35歳	1月	1棟	5万円	400万円	0カ月
41歳	9月	2棟	10万円	800万円	81カ月
45歳	2月	3棟	15万円	1200万円	41カ月
47歳	6月	4棟	20万円	1600万円	28カ月
49歳	3月	5棟	25万円	2000万円	21カ月
50歳	8月	6棟	30万円	2400万円	17カ月
51歳	11月	7棟	35万円	2800万円	15カ月
52歳	12月	8棟	40万円	3200万円	13カ月
53歳	11月	9棟	45万円	3600万円	11カ月
54歳	9月	10棟	50万円	4000万円	10カ月
55歳	6月	11棟	55万円	4400万円	9カ月
56歳	3月	12棟	60万円	4800万円	9カ月
56歳	11月	13棟	65万円	5200万円	8カ月
57歳	7月	14棟	70万円	5600万円	8カ月
58歳	2月	15棟	75万円	6000万円	7カ月
58歳	9月	16棟	80万円	6400万円	7カ月
59歳	3月	17棟	85万円	6800万円	6カ月
59歳	9月	18棟	90万円	7200万円	6カ月
60歳	3月	19棟	95万円	7600万円	6カ月
60歳	9月	20棟	100万円	8000万円	6カ月
61歳	2月	21棟	105万円	8400万円	5カ月
61歳	7月	22棟	110万円	8800万円	5カ月
61歳	12月	23棟	115万円	9200万円	5カ月
62歳	5月	24棟	120万円	9600万円	5カ月
62歳	**10月**	**25棟**	**125万円**	**1億円**	**5カ月**

たとえば、35歳の時に買った物件を45歳の時に別の物件に買い替えてしまうこともあり得ます。400万円で購入した物件でも、購入当初に安く仕入れていれば、それ以上の500万円で売れるような物件もあるからです。

このような売却益はあえて算入していません。これはこのシミュレーションを達成するための原資として物件の新陳代謝のために費やされるものとして考えています。

このように物件を新陳代謝させながら、家賃月125万円（年1500万円）、25件の空き家物件（資産1億円の物件）を持つようにします。25戸はマンションなら1棟レベルです。

これを時間をかけて借金せずに買っていくだけです。25戸は不動産賃貸業としてはそれほど物件を持っているわけではなく初心者レベルですから安心でしょう。

ほかにも前回のシミュレーション同様、話をシンプルにするために、所得税や固定資産税、その他、建物の老朽化メンテナンスコスト等省いてしまっている部分がありますが、前述のように、時々新陳代謝させる物件の売却益などを使って吸収できます。

また利回りも15％と一般の戸建賃貸では低めの利回りを想定して、諸費用の吸収も想定しています。

少額の戸建賃貸は、ほとんどが木造で法定耐用年数を経過しているので、建物の減価償却が4年でできるため、購入時になるべく建物購入価格を上げておくと、高い節税効果も期待できます。

あなたが意識しなければならないのは、**利回り15%は確保して、老後までいっさい家賃に手をつけず、怠りなく不動産投資を続けていく**ことです。

現実にどんどん実践し始めている人たちもいます。

たとえば、兵庫県や大阪府で空き家の戸建投資をしている関西のある家主倶楽部では、60名ほどの大家さんが投資仲間として集まっています。そこでは去年の空き家物件（100～400万円）の情報が300件ほどあり、実際にその倶楽部で購入した件数は90件にのぼります（121ページ参照）。

どうですか。少額で始められる空き家物件も含めてすごい勢いで空き家物件が購入されている様子がわかるでしょう。

この倶楽部の大家さん熊沢さん（仮称）は空き家不動産投資をこう話しています。

「周りを見ても古い住宅を抱えて処分に困っている方がたくさんいます。現在のように、少子化で長男長女で結婚し、その両親の住宅を相続すると絶対にどちらかは住まない住宅、もしくは本人が住宅を持っていると両方とも住まない古い住宅が出てしまいます。

そのような方や不動産業者に声をかけておくと、週に1、2件の物件紹介がありますす。その中で、自分の予算にあった物件を選んで購入してリフォームして、戸建賃貸として貸しています。

また、ほとんどの物件が15％以上の利回りを確保していて、まだまだ物件を購入していきますし、この倶楽部全体でも1年間で300戸増加を目標にしています。

三木さんから教えてもらったシミュレーションはとても参考になっています。倶楽部の中で初心者の大家さんで、借金をしたくない方にはこの方法を伝えています。そんな大家さんにはとても理解しやすく、いつどれくらい物件を買えばどれだけの家賃収入と資産をつくれるか投資方針がわかりやすいので、三木さんの方法を実践してその通り資産づくりしているメンバーもいます。

関西のある家主倶楽部での空き家購入物件数

年　月	戸建物件数	棟物件数
2013年１月	**121**	68
２月	**124**	69
３月	**131**	73
４月	**175**	81
５月	**195**	85
６月	**210**	91
７月	**240**	98
８月	**247**	105
９月	**258**	116
10月	**270**	122
11月	**285**	132
12月	**294**	141
2014年１月	**321**	152
２月	**348**	159
３月	**348**	159

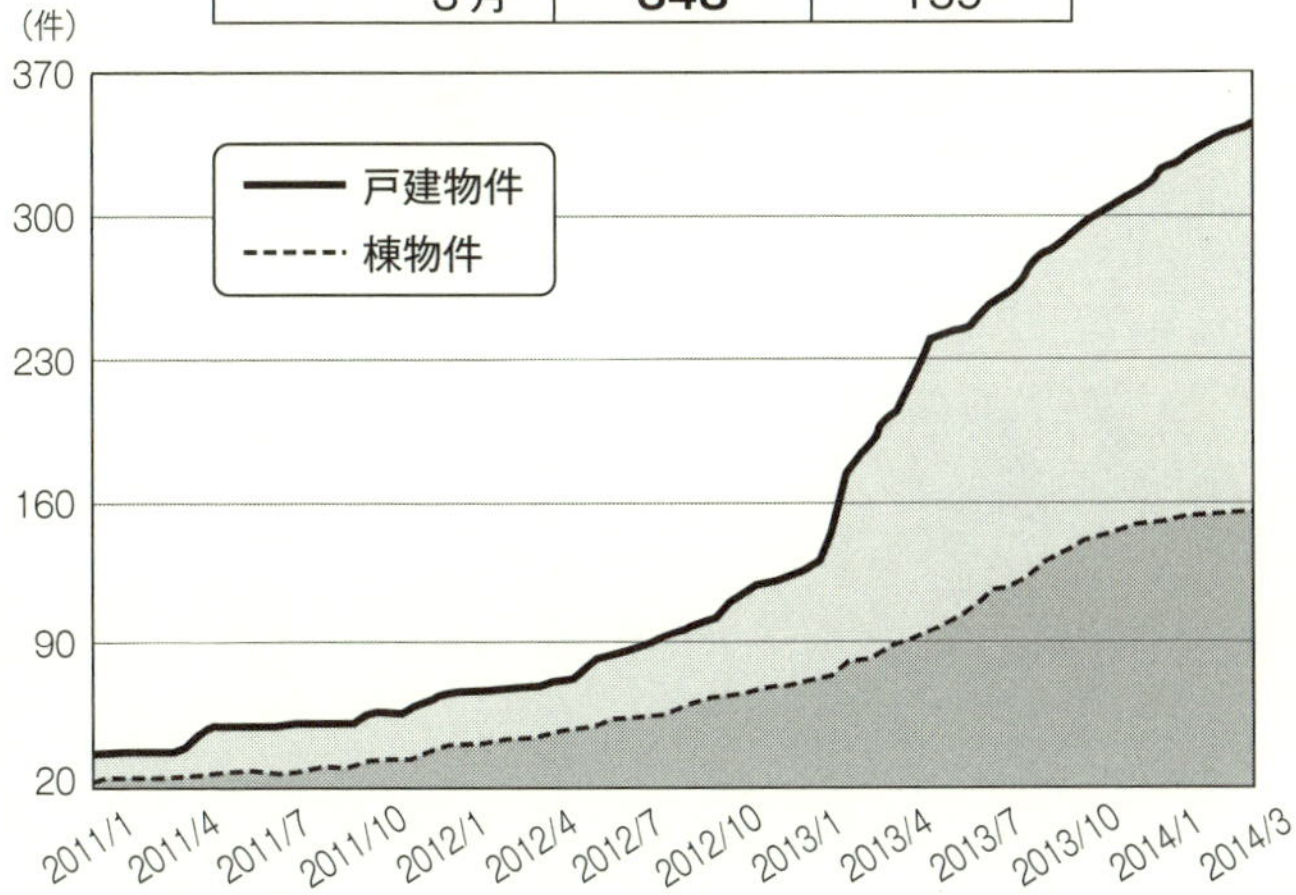

私の感じでは、このような空き家物件が年々増えてきているように思います。これからも空き家戸建賃貸は増えていくのではないでしょうか」

では、そんな物件への賃貸需要はどうなのかという点ですが、年々離婚率、未婚率なども増加しており、家族のために住宅ローンを何十年もかけて買う人が減り、逆に住宅費の負担が少ない賃貸住宅の需要が増えています。

古い空き家を賃貸住宅に転用していくメリットは、**あまり住宅にお金をかけられない世帯に手頃な賃料の物件を提供できる**ことです。新築の物件は建築コストも高騰しており、安く物件を貸すことは難しい状況です。

仕事も生涯続けて、不動産投資の家賃収入は老後まであてにしないつもりなら、先ほどのシミュレーション通りの方法が資産形成にいいと思います。

これなら過大な借金のリスクに悩まされることなく、老後には悠々自適の収入が得られて、老後の心配や年金の不安なんか吹っ飛んでしまうはずです。

第4章

資産づくりは世代ごとに違ってくる——世代別実践法

ライフサイクル投資「7・5・3の法則」

資産づくりは、年齢により投資方法が大きく違ってきます。

一般的にサラリーマンであれば、仕事も慣れて結婚や生涯設計を考え始めるのが30代、家を買おうと住宅ローンを考えるのもこの頃です。

また、不動産投資で融資を利用する場合のサイクルも20年が1つの基準になります。このため、30代で不動産投資を始める人は、融資を受けた物件の完済は50〜60代になります。また、50代から不動産投資をやる人は、完済は70〜80代になります。

このように、人の一生の資産づくりとライフサイクルと融資との間には密接な関係があります。

私は、ライフサイクルに合わせた資産づくりを「7・5・3の法則」と呼んでいます。

この章では、資産づくりでも大切な節目になっている30代、50代、70代の資産のつくり方についてお話ししていきます。

資産づくりをやっている方の多くが、いったい、「いつ」「どれくらい」のことをやっているでしょうか？

たとえば、30代でセミリタイアしたい人の投資は、かなり加速度的な方法が必要です（加速度的な資産づくりについては、この章の最後のほうでお話しします）。また、定年まで働きながら投資する人であれば、自宅を買う時に賃貸部分をつけて住宅ローンの負担を減らす投資法（１６９ページ参照）も考えられます。

闇雲《やみくも》に資産を増やし続けて、年とともに物件が増えたのはいいのですが、収拾がつかなくなっている資産家もいます。

資産づくりの目的は、それぞれの世代で豊かに暮らすことが目的なのに、目的を見失った投資は本人や家族を不幸にするだけです。幸せな暮らしより資産を増やすことだけが目的の味気ない人生になっていることに気づかなくなってしまっているのです。

あなたはいったいどこに向かっているのか、永遠に年を取らないつもりなのか、いつ人生を楽しみ、いつ家族を幸せにするのかを考えなければなりません。

自分の人生の目的を見失わないように、あなたやあなたの家族が不幸にならないための年齢層別、目的別の具体的な不動産投資法もつけ加えていきます。

将来のどこに向けて資産づくりの視点を持つべきか？

そもそも、資産づくりはどうして始めるのでしょうか？

それは、根本的な目的が豊かで幸せな生活を送りたいという気持ちにあるからではないでしょうか。

しかし、抽象的すぎて具体的に考えにくいかもしれませんので、もう少し踏み込んで考えてみると、まず**一番心配なのは老後**でしょう。実現したいゴール目標は、老後に誰にも迷惑をかけずに楽しく豊かに暮らしたいのではないでしょうか。

若い時なら、頑張って働いて収入を増やすこともできます。でも、高齢になればそんな収入増は見込めません。今持っているお金の中でやりくりして暮らすしかないわけです。

しかも、年金もどうなるかわかりません。年齢とともに医療や介護費の負担も増加が予想されます。高齢化社会で、いったいいくつまで蓄えが必要なのか予想できません。

まず、このような不安から解放されることが大切です。

たとえば、ここに現在80歳を超えた中野さん（仮名）という、夫婦ともにお元気なお2人がいます。

彼らは人生設計を70歳くらいまでだと考えて、蓄えや住まいを考えていました。

そのため、20年のローンも50歳で終わり、それから70歳くらいまで何事もなく住んでいた住宅が、70歳を過ぎた頃から老朽化が目立つようになり、修繕費用もかなりかかるようになりました。

ついに雨漏りもするようになり、屋根修理に200万円の修繕費が必要になりました。残り少なくなった老後資金をこれ以上減らして、娘さん夫婦に迷惑をかけたくない、これから先の寿命もわからない中、老後資金を減らさないために自宅を処分する決断をしました。

建物の評価はゼロであまり良い値では処分できませんでした。その後、賃貸の高齢者住宅に入居することになりましたが、家賃など結構な負担となりました。

せっかく終《つい》の住処《すみか》として購入された住宅でしたが、老後資金を切り詰めて暮らすしかなくなってしまったのです。

中野さんは、「長生きしても、金ばかりかかるだけで、何も良いことがない」と嘆いていました。


中野さんのようにならないためには、老後いったいいくら必要なのでしょうか？

これも私の親友のファイナンシャルプランナーのM氏に聞きました。

老後70歳から夫婦2人で豊かで楽しく暮らすには、毎月60〜70万円は必要という結果が導き出されました。

毎月60〜70万円も必要と言われると、現役時代でも大変な金額です。まして定年後の働けなくなった時期にそれだけ確保するのは大変です。

定年後に1億円の預金があったとしても、預金を食いつぶして毎月60万円使うと、約166カ月（約13年10カ月）、83歳で使い果たしてしまいます。

また別の統計（出典：平成25年、生命保険文化センター老後保障「ゆとりある老後生活費」）ですが、夫婦2人のゆとりのある老後生活費は、平均値で月35・4万円です。

この生活費では約282カ月（約23年6カ月）、93歳で使い果たします。しかし、この生活費であれば、ある程度、子供さんたちに介護負担や資金援助をしてもらうことを想定しておくべきでしょう。

高齢化が進み、ますます平均寿命が上がっている日本ではけっして安心とは言えません。いろいろなケースから数字を出してみましたが、たとえ老後に1億円の預金があっても安心できるとは言えないのです。

何歳から始めても、これだけは叶えたい目標は？

70歳の夫婦で、賃貸不動産経営で毎月100万円の家賃収入を得て、銀行融資をすべて返済、無借金状態で、まだ20年間（90歳まで）貸し続ける物件を持つこと。これは50歳で40年間貸し続ける物件を20年のローンで買うと70歳で完済、つまり、残り20年間を貸し続ければ可能です。

たとえば、税務署の法定耐用年数から見ると、鉄筋コンクリートで47年、鉄骨で34年、木造で22年となっていますが、もちろんメンテナンスをちゃんとすれば、どの構造物件でも40年くらいは平気でもちます。

税法上の耐用年数と実際に使える使用年数は違います。とにかく、40年たっても貸し続けることのできる色あせない物件を購入することです。

ヨーロッパなどでは、築年数100年以上のアパルトマンも結構、現役で頑張っています。

毎月100万円家賃収入で借金返済を終えていれば、まるまる使えるわけですが、物件の維持費として毎月30万円ずつ積み立てておいても、毎月70万円は使えるお金が残ります。

先ほどの例で言えば、夫婦2人で「ゆとりのある老後資金」が手に入ります。これだけあれば老後、子供たちに迷惑をかけずに優雅に暮らせます。

資産づくりをする人なら最低この老後資金の確保が共通のゴールとなるでしょう。あとは、それぞれのライフプランで考えればいいのです。

そんなに難しくない！　必ず探したいお宝物件

■毎月100万円の家賃収入がある物件とは？

毎月100万円の家賃と言えば、10万円の家賃が取れる物件なら10軒、5万円の家賃なら20軒程度なので、あなたが思っているほど大規模な賃貸物件ではありません。マンション物件なら、1棟売りの物件を1つか2つ持てばこれくらいの規模はすぐ叶います。

ここでミソなのが、投資資金の借り入れの返済を終えて、そこからまだ20年間は賃貸できる物件でなくてはならないということです。しかも合計40年間は貸し続けられる物件を購入しなければなりません。

そこである程度、利回りが落ちても、質の高い物を手に入れる必要があります。

私はこれを**「虎の子物件」**と呼んでいます。

ただ、いくら利回りを気にしないと言っても、毎月の家賃で毎月の借入金の返済ができる程度の利回りは必要です。

まさに借入（他人のお金）と家賃収入（他人のお金）で返済できる、あなたが余計なお金を用意しないで自分の資産にする方法です。

そうするとフルローン（購入資金をすべて借り入れでまかなう）の場合だと、20年で完済するためには**利回りが8％程度は必要**でしょう。

8％というのは金利が5％の場合で、なんとか元利均等で毎月返済できる程度です。今は結構低金利でも借りられますが、維持管理運営費資金に対する余裕を見れば、8％の利回りは確保したいところです。

虎の子物件はほかの物件に比べて厳選しなければなりません。

■「虎の子物件」とは40年以上貸し続けられる家

虎の子物件とは、20年のローン期間を終えたあとでも、さらに20年以上貸し続けられる物件を対象にしています。**目先の利回りよりも、長期にわたり貸し続けられる物件**です。

40年以上というと、鉄筋コンクリートや鉄骨の建物しか思いつかない人もいるかもしれませんが、木造でも十分に40年、いや100年でも維持できるようになってきました。投資効率を考えると、建築コストの安い木造も視野に入れる必要があります。

2009年6月4日施行の国土交通省が推進している「長期優良住宅の普及の促進に関する法律」というものがあります。この法律では、従来木造住宅は20年たつと無価値の扱いを受けていたものを、もっと長期に、100年でも維持・使用できるものにしようというものです。

これに伴い、最近では木造住宅でも50年保証や100年住宅と銘打った住宅が販売されるようになりました。

この傾向は、賃貸住宅建設でもどんどん浸透していくものと思われます。

本来、日本の在来工法の住宅は、定期的なメンテナンスさえしていれば100年以上もつものです、それが戦後の高度成長期に、20年ほどでスクラップアンドビルドする循環が定着してしまいました。

しかし、これからは適切にメンテナンスして長期に利用する時代になり、昔のように築100年、200年という住宅も増えていくようになると思います。

このような長期優良住宅仕様で建てられた賃貸住宅なら40年どころか100年でも貸し続けられます。

購入時のローンさえ終えれば、家賃はすべてあなたのものです。そのうちの3割でも維持管理のために残しておけば、長期にわたりあなたに収入をもたらしてくれる虎の子物件になってくれます。

■どの程度の購入予算のものを買えばいいの？

1つの物件予算ということではなく、トータル予算と考えてもらうといいでしょう。

ではトータル購入価格はどんな物件かというと、毎月100万円の家賃、年間家賃1200万円の場合、利回り8％の物件価格なら、1億5000万円（1200万円÷8％）相当、利回り10％の場合なら、1億2000万円（1200万円÷10％）相当になります。

相当というのは、1軒でもいいし何軒でもOKだからです。結局、投資トータルがいくらかということなのです。毎月100万円の家賃収入を得られるまでの投資額の目安予算です。

もちろんもっと利回りのいい物件であればあるほど、投資予算は安くなります。

東京都心部を除けば、築の浅い中古物件を探せば必ず見つかるレベルです。

30代から不動産投資を始めた人なら、今持っている物件を担保に入れたり、売却したりすれば、50代でかなりいい物件を手に入れられます。

あなたからすると1億円を超える投資と言えば途方もない金額かもしれませんが、

値がさが張る不動産投資の中であればそれほどでもありません。

普通のサラリーマンや専業主婦でも数億単位の不動産投資を平気で行っているのがこの世界です。

税務署から見るとこれくらいの物件でやっと、青色申告特別控除が受けられる「5棟10室基準」の事業的規模として認められる初心者レベルです。

不動産投資としては、そんなに難しいことなくやれる範囲です。私からすると、収入を生まない自宅のローンのほうがよっぽど難しいと思います。

ローンが終わるまで、ずっとあなたは働き続けなければならないのですから。

30代では、給料は低いが長期借り入れができる「時間」が味方

■30代で住宅購入を考えたら、発想を変えてみよう

30代では、仕事も慣れて、結婚や自宅の購入も考える、これからの将来設計を考える頃です。そして、資産づくりをしようと思う人にとっても絶好のスタートの時期です。

もし、自宅購入のために住宅ローンを考えるなら、家賃を取れる賃貸部分をつくって家賃収入を得るような発想に転換してはどうでしょうか（169ページ参照）。

自宅の購入時にいかにして資産を生み出せるか考えるべきです。家賃収入で住宅ローンの支払いをすると、場合によると返済以上の家賃収入を得られます。

一般的に住宅ローンは長期（20～35年）で借りているため、家賃収入のほうが住宅ローンの支払いを上回ることもあります。ローンの支払いを気にせずに生活できるわけです。

この世代は若くて給料も低い時期ですが、金融機関から見ると、一番期間も長く融資しやすい時期なので、とても資産を増やしやすい時期です。

私も標準的には20年のローンを基準にライフスケジュールを考えていますが、30代ならもっと長期の30～35年期間のローンで購入を考えても良いでしょう。

そのほうが月々の返済額は低くなるので、手残りのお金に余裕が出るでしょう。

30代は返済期間にも余裕がつくれて時間が味方してくれます。

■30代なら資産投資のための勉強の時間が取れる

また、**不動産投資も勉強期間が必要**です。

いきなり大きな物件を買う必要はありません。巷《ちまた》の本屋さんに行くと、華々しく大きな融資を受けて、サラリー以上の家賃収入を稼いでいる大家さんの話であふれかえっています。これを真に受けて真似をしてはいけません。まずは小さな物件を１～２軒買って大家業の経験を積んでください。

【物件の見つけ方】

投資不動産を見つけるルートは、大きく分けて４つあります。

１．不動産投資ポータルサイト
２．不動産業者
３．競売・公売などの公的な物件
４．大家仲間から

【不動産投資ポータルサイト】

●楽待（らくまち）　http://www.rakumachi.jp/

●健美家（けんびや）　http://www.kenbiya.com/
●アットホーム投資　http://toushi-athome.jp/
●不動産投資連合隊　http://www.rals.co.jp/invest/
●ホームズ不動産投資　http://toushi.homes.co.jp/

ほかに不動産投資としてのページはないですが、豊富な不動産情報を得る場合は、不動産業会の4団体が参加している不動産ジャパンというサイトもお勧めです。

●不動産ジャパン　http://www.fudousan.or.jp/

【不動産業者】

不動産業者については、なかなか知り合いがいない場合、また、知っていても投資不動産を扱っていない場合もあります。

そのため、投資不動産を扱う業者と知り合うには、不動産投資ポータルサイトから不動産資料を請求した担当者と親しくなり、いろいろ優先して情報をもらえるように関係をつくっていくのも1つの方法です。

【競売・公売等の公的な物件】

不動産公売とは、各地方自治体・国が税金の滞納分に充当するため、滞納者が所有する不動産を差し押さえ、競争入札により売却する制度です。

競売では平成16年4月より民法395条が改正され「明渡猶予制度」が導入され、落札者にとっては、建物の占有者の立ち退きの問題が改善され、より一般の方でも、入札購入しやすくなりました。

●不動産競売物件情報サイト　http://bit.sikkou.jp/
●公売物件情報　http://kankocho-athome.jp/

【大家仲間】

最近は、全国に大家さんの会や塾が発足されて活発に活動しています。

そのような大家さんの会では、いろいろな大家さんのための勉強会が開かれていたり、情報交換や交流の場となっています。

たとえば、私の地元の大阪では、毎月勉強会が開かれています。

●喜ばれる大家の会　http://yorokobareru-ooya.jimdo.com/
●喜ばれる大家の会（動画会員）　http://yorokobareru-ooya.jimdo.com/ooyakai.html
●一般社団法人全国古家再生推進協議会　http://zenko-kyo.or.jp

そのほか、全国にもインターネットで検索すればたくさん見つかります。

【大家さんとして体系的に勉強したい人には】

一般社団法人全国古家推進協議会の不動産投資初心者向けの講座や一般財団法人日本不動産コミュニティーの勉強会と検定試験がお勧めです。

●古家再生投資プランナー認定オンライン講座　http://zenko-kyo.or.jp/course/
●不動産実務検定（旧大家検定）　http://j-rec.com/

【お勧めする物件の見つけ方】

私が最もお勧めするのは、初心者のうちは大家さん仲間をつくって、その仲間からの情報で物件を購入することです。

不動産業者からの情報ではないので売り込まれることもなく、場合によれば自分の持っている物件を譲ってくれたりします。

先ほど述べたルートで言えば、大家さん仲間からのルートで不動産投資を始めていくのが一番安全で確実です。先輩大家さんがどのように不動産投資をしているか、机上の空論でなく生の声や経験を教えてもらえるのが最大のメリットです。

不動産物件をなかなか買えない人は、経験者に学ぶのが一番です。初心者のうちは、まず先輩大家さんのもとで不動産投資を始めることをお勧めします。

■30代から始める不動産投資の2つの考え方

30代から資産づくりを始める人には、２つの発想があります。

１つは年齢とともに資産を増やすというこれまで説明してきたような発想で、キャッシュフローを増やして自由に使えるお金を増やそうという考え方です。仕事を定年まで続けようと思う方はこの姿勢で資産をつくってください。

もう1つ、セミリタイアして不動産収入だけで食べていきたい、セミリタイアして新しいビジネスを始めたいという方もいると思います。そういった人はキャッシュフローを増やす加速度的な資産づくりが必要になるでしょう（こちらはのちほど詳述）。

いずれにしろ、あなたがどのような資産づくりをしていきたいか、人生設計を考える30代でしっかり固めるべきです。そして、どちらの考え方にしても50代に向けて、物件は買い増ししていく必要があります。

30代という時期は、資産を50代までに増やしていこうという姿勢が必要です。

50代では、一番お金のいる時代の資産づくりを考える

■50代からの20年があなたの人生を左右する

一般的に金融機関の融資の完済年齢は70～75歳に設定されている場合が多く、50歳で物件を買う場合には20年ほどで完済しなければなりません。

また、サラリーマンでも定年延長が取りざたされていますが、一般的には定年も60

〜70歳が想定されます。なんとか50代で不動産投資を始める人なら、あと20年先の70歳くらいまでは現役で働きたいところです。

50代になると、あとの20年をいかに考えるかで、あなたの老後の人生が180度変わってしまいます。**50代は非常に大切なターニングポイント**の時期なのです。

■人が一生のうちで一番お金を使うのが50代

『2000年　資本主義社会の未来』（ハリー・S・デント・ジュニア著、PHP研究所刊）という本に書かれている統計では、平均的なアメリカ家庭の支出サイクルが予想されています。

46・5歳前後が、一生のうちで一番お金を使う時期だというものです。

この場合のアメリカの結婚平均年齢は、25・5歳で設定されています。日本の内閣府が発表している「子ども　子育て白書」によると、2010年時の平均初婚年齢は男性が30・5歳、女性が28・8歳となっているので、日本でのピークは4〜5年ずれて50歳前後と考えられます。

これは、何となくあなたも直感的にわかるのではないでしょうか？

この頃から、子供のいる方なら、教育費（入学金や授業料等）が一気に増える時期です。また、そのほかにもいろいろな出費も増えてきます。

このようなことから、私は日本では50歳前後が一番お金のいる時代だと想定しています。

そんなお金のいる時期ですが、ここで不動産投資を怠ってしまうと、老後を楽しめる豊かさを実現できません。

ですから、50代での資産づくりとして不動産投資を始める方は、30代での初心者投資法をおさらいしてください。

この時期は、サラリーマンを続けている方なら、給料もある程度の額に達していると思います。そのため、この時期はまとまった融資を受けやすくなります。

これは30代でお話ししたようなセミリタイアパターンでキャッシュフローを潤沢にする考え方で、**物件を一気に買う**ことです。そして余ったキャッシュフローを使って、生活資金の足しにしていきます。

そして、先ほどお話しした「虎の子物件」を買ってください。

最後に残すのはこの物件だけです。キャッシュフロー狙いの物件も徐々に売却し、できれば虎の子物件の返済に充当し、この物件だけは70歳の時には借金返済を終えるように計画してほしいのです。

前にも言いましたが虎の子物件とは、投資資金の借り入れの返済を終えて、そこからまだ20年間は賃貸できる物件でなくてはなりません。合計40年間は、貸し続けられるものを購入しなければなりません。

50歳で購入すれば70歳で返済を終えて、90歳までは、毎月１００万円ほどの家賃が受け取れる物件です。

もちろん30代から始められた方ならもっと物件をお持ちだと思います。その場合は、70歳くらいまでは持ち続けてもらって良いでしょう。でも最低この虎の子物件は確保してほしいと思います。虎の子物件は、新築でも中古でもいいですから購入からなるべく価値を落とさず、40年貸し続けられるかが購入のポイントになります。

■50代は物件の目利きも必要となってくる

30代から不動産投資をしている方はかなり不動産を見る目がついていると思いますが、50代から始めた方に注意してほしいのは、建築会社や不動産業者の言いなりになって物件を買わないということです。

やはり、少し自分なりに勉強してみるなり、不動産コンサルタントの意見を聞くなりして物件に対する長期的な展望を意識しないとダメです。

たとえば、私の場合、不動産管理会社を持っており、現在も築40年以上の物件で満室経営している物件をたくさん見ています。いったいどんな物件が40年間以上現役で働ける物件かを目利きすることができます。

あとはまだまだ資産を買い増ししたい方は、10年後（60代）にもあまり値段を下げずに売れそう、もしくは高く売れそうな物件なら購入してもいいと思います。

とにかく50代は、物件を購入して、それらの中から「残す資産」「売却する資産」を取捨選択する時期です。

70代で不動産を資産としてどうすべきか考える

■仕事を退職してからの優雅な生活に必要な物件があるか？

先ほどもお話しした、老後死ぬまで夫婦2人が、子供たちに資金的に迷惑をかけることなく豊かで幸せに暮らせるには、いったい老後どれくらいの収入があればいいかという話を思い出してください。

そこで出てきた数字は、毎月60～70万円が必要であると試算されました。賃貸不動産経営の家賃収入であれば維持管理に30％費用がかかるとして、毎月の家賃が１００万円ほどあれば、60～70万円は残せる計算です。老後夫婦２人が豊かに暮らすにはこんなにも必要なのです。年金と退職金の蓄えと預金を取り崩しても、せいぜい20年ももてばいいところでしょう。

そこで先ほどの50代で「虎の子物件」を持っておくことという話が活きてきます。もしそのような虎の子の不動産を手に入れていれば、そろそろ返済も終わり、まもに家賃が入ってくる時期になっているはずです。

50代の時に話したように、家賃収入が毎月１００万円得られる物件で、40年間は価値を落とさずに貸し続けられる物件を持っていれば、**70代からあと20年は毎月１００万円の家賃収入が手に入る**はずです。

これなら老後の心配はいりません。あと20年は毎月１００万円の家賃が手に入り、もし少しでも年金も手に入ればかなりゆとりのある老後生活が迎えられます。70歳くらいならまだまだ元気で、旅行でも趣味でもどんどん楽しめるでしょう。

私の友人の藤川さんは、賃貸マンションローンも完済して毎月200万円の家賃収入を得ています。ローン返済を終えて利益ばかり出るので、マンションの修繕や改装費にかなり費用をかけています。

おかげで今も満室です。この物件は鉄筋コンクリート造（RC造）なので、あと20年はメンテナンスさえ怠らなければ十分貸し続けることができます。

これだけの収入があればこの藤川さんは、老後は安心です。年金なんかあてにしなくても大丈夫です。私はローン返済まで頑張ったご褒美旅行として、ご夫婦で海外旅行を勧めています。

名目は海外不動産投資として旅行していけば経費でも落ちるはずです。老後を豊かで楽しく暮らすために頑張ってきたのですから、ぜひ元気なうちにいろいろ楽しんでほしいです。

藤川さんはこう話しました。

「長年家賃を蓄えてコツコツ返済を続けて良かったです。何度も家賃に手をつけようと考えた時もありましたが、今の状況を考えると完済以降、建物の改装等にかなり予算がかけられるようになりました。築年数は経過していますが、ほかの物件に比べて設備もメンテナンスもとても充実させることができ、近隣の新築マンションにも負けないくらい手をかけられるので、あと20年以上はまったく問題なく賃貸できると思います。

夫婦とも元気ですので、ローンを終えたこれからは、気持ちにも余裕が出てきたので、家賃収入を私たちのために使っていこうと思っています。周りのサラリーマンを定年した友人はとても生活を切り詰めて窮屈な暮らしをしていますが、私たち夫婦は今からが青春です。三木さんの言う通り海外不動産の視察に行ってこようと思います」

部屋には、海外の観光チラシが置いてありました。

このように老後を意識して虎の子物件を残せれば理想的です。

■70代の時期から贈与や相続対策をしておく

70代は、頭もまだまだ冴《さ》えていますので、この時期に相続や贈与についても本格的に取り組むことができます。虎の子の不動産以外にも資産があるなら、どんどん相続対策や贈与をしてください。

子供たちはまさに50代前後になっているはず。50代は一番出費が多い時期ですから、この時期に親から資金的な援助がもらえるとすごく助かるはずです。

子供が高齢になって、あまりお金が必要ない時期に贈与や相続をされても活かすことができません。**まさにこの時期に贈与や相続対策をする**ことが子供やお孫さんのためになります。

喜ばれる時にお金を使うことが一番大切です。お金持ちはお金を使うのがうまいものです。お金の使い方しだいでその人の評価は変わります。

私の友人の加藤オーナーは、少しずつ所有物件を減らしていっています。一般的に拡大をしていく大家さんが多い中で、なぜ物件を減らしていくのか加藤さんに聞いたことがあります。

加藤さんは、自分が若くて自由に動き回れる時に回すことができた物件でも、自分に何かあって大家業を素人の子供たちが突然引き継ぐことになっても大丈夫な物件以外は整理して、現金に変えて贈与資金にしたのです。とにかく子供たちに引き継ぎやすく迷惑をかけないものだけを残すよう物件を減らしていったのです。

■相続対策もかねた資産圧縮の裏技

高年齢になると、基本的には不動産投資に融資を使うことが難しくなります。しかし、こんな時期でも、かなり有効な不動産投資術があります。

話を単純にするため、シンプルな数字を使いますが、今までなら5000万円の銀行預金だけが財産なら、相続人にほとんど相続税はかかりませんでした。

しかし、平成27年1月1日以降、相続税の基礎控除額が3000万円に引き下げられ、法定相続人の控除額も1人当たり1000万円から600万円に引き下げられました。こうなるとまともに相続税がかかります。

しかし、この銀行預金で5000万円相当の賃貸不動産物件を購入すると、ざっくりですが、相続税評価は半分ほどになるのです。なんと新しい基礎控除内で相続税はかからなくなります。

今5000万円を定期預金にしても1年の利息は0・025%程度、利息は1万2500円ほどです。これが5000万円の投資不動産なら、10%の利回りなら年間500万円の家賃収入になります。

相続税評価も落とせて収入もアップする。老後の心配のためにお金を残しておくくらいなら不動産投資をしたほうが得なのです。

老後は現金や預金で残さず、収益不動産のような資産に変えてしまいます。これだけで一石二鳥の資産圧縮ができます。まさに不動産投資の技です。

長生きしても大丈夫。90代では介護やお金の負担で子供たちに迷惑をかけない

■もし平均寿命を超えて長生きしたら……という心配もなくなる

90歳を超えるということは、おそらく日本の平均寿命以上に生きているでしょう。あなたのライフプランの中に90歳を超えて生きている場合までシミュレーションされていれば喜ばしい出来事ですが、長寿で万々歳というわけにはいかないのが、この日本の超高齢化時代です。

90歳になると、あなたの「虎の子物件」もそろそろ定年の時。**よく働いてくれた虎の子物件を無理に維持せずに、思い切って売却処分**して、これからの老後の介護や医

療の資金にあてます。

あなたが亡くなるまで、とにかく子供や孫たちに金銭的に世話にならず手間もかけさせたくなければ、この売却資金を使ってもらえばいいのです。

40年前に虎の子物件で買った時の半分の値段で売れたとしても5000万円程度にはなるはずです。これだけあれば、あと20年110歳まで毎年250万円ずつ使うことができます。

90歳になれば、ほとんど高くつくのは医療費でしょうが、これくらいあればなんとかやっていけるでしょう。

それまでにあの世に行っても、相続でもめるほどの財産はないはずです。このことを必ず子供たちや、場合によれば弁護士さんにお願いし、90歳でボケても実行されるように準備しておくことが必要です。

これは、死んでからの遺言ではなく、生きている間の大切な申し送り事項です。

■おまけ!? 110歳までの人生設計は必要なのか?

「110歳までの老後を考える必要があるの?」と、あなたは思うかもしれません。

しかし、私が尊敬する本多静六氏は第2次人生計画を立てた時、実に120歳まで立てていました。

今後の最新の再生医療の進歩を考えると、その可能性は十分あります。生物学的には人間は110歳くらいまで生きられるパフォーマンスがあるそうです。そうすると、生物学的寿命までは意識しなければならないのかもしれません。

100歳前後で人生を楽しく豊かに暮らせているかは疑問ですが、でもあなたが子供や孫の迷惑になるようにはなりたくないですよね。消極的な言い方かもしれませんが、最後まで迷惑をかけずに惜しまれてあの世に行きたいものです。そのためにも、一見極端に見える110歳までの人生設計を、資産づくりという視点から考える必要もあるのかもしれません。

人は、つい自分が年を取ることを忘れて「今」がずっと続くと思ってしまいがちです。だからこそ冷静に資産づくりを通して人生のスケジュールを考えることも大切です。少しでもこれからの超高齢化時代の生き方のヒントになればと思っています。

セミリタイアしたい人は、空き家物件を1～2軒買ってからが勝負

不動産投資でセミリタイアを早期にしたい人もいるはずです。

そういう人は１～２年、小さな物件の大家業を経験したら、一気に加速して物件を購入しなければセミリタイアは正直叶いません。

まず、セミリタイアしたい方は購入物件として大事なのは、**質より利回り**です。資産を残す発想から借り入れと諸経費を支払っても手残りの資金があるものでないと、とうてい仕事を辞めてから食べていけません。節税効果のあるうちに、家賃収入も頭金にして短期間の間で買い進めなければなりません。

セミリタイアしたあとの収入をいくらくらいにするかで変わってきますが、たとえば、手元に年間６００万円ほどの収入を残したければ、毎月50万円ほどの手元資金が必要です。

銀行の返済と諸経費を引いて手元資金を残すなら、標準的な投資で、利回りで10％前後は最低必要でしょう。利回りが低い物件だと、返済して諸経費を払うと何も残ら

ないということになります。

標準的な不動産投資物件で10％の利回りを確保できれば、20年返済の融資を返済して諸経費を支払って、手元に家賃の2～3％の資金が残る計算です。

ということは、逆算すると月々50万円ほど手元に残すには、年間６００万円で、２％ほどで割り戻すと約3億円の投資が必要という計算になるのです。

自宅で3億円を買うとなると大変ですが、投資不動産の場合、家賃収入と物件担保が提供できるわけですから、きちんと担保評価（積算評価）が出るものであれば、そう難しい金額ではありません。

セミリタイアをしたい人ならこれくらいの物件を購入できるまでは退職しないでください。毎月給料が入るサラリーマンだからこそ、有利に融資が受けられるわけです。独立して自営業者扱いになったら、さっぱり貸してもらえなくなる可能性がありま す。

何度も話していますが、日本では少々稼いでいる中小企業の社長より、サラリーマンのほうがよっぽどお金を借りやすくなっています。この原理を利用しない手はありません。サラリーマンというゴールデンタイムがあなたの味方です。

「商いは傘のように心得るべし！」で加速度的に投資を拡大する

不動産投資初心者は、不動産投資や賃貸経営について少々勉強する時間も必要で、また失敗しないためにも、最初はリスクの少ない小額投資をお勧めしました。

商売の場合でも、まだ規模が小さい時は慎重に対処することが必要だからです。しかし、それが軌道に乗りいよいよ大きく発展できる段階になれば、積極的に商売の規模を拡大していかなければなりません。

傘にたとえて、畳んでいれば小さいが、いざとなったら開いて大きく使うという**「商いは傘のように心得るべし」**という、時勢に応じて積極的に拡大するように勧める教訓があります。

やはり不動産投資家としてある程度の規模が欲しい場合は、一気に拡大し加速することも必要です。

どんな投資でも成功するにはスピードも大切です。

そこでひと通り賃貸不動産経営がわかったら、借金も絡めて大きな物件の購入を目指すことも考えるべきです。

たった4年で6億円の資産と家賃収入7500万円を手に入れたサラリーマン

これまでお話ししてきた資産づくりでは、なるべく返済が終わるまで、その資産からの収益には手をつけずに残していく方法をお伝えしました。

しかし、セミリタイアを目指すなら、最終的にはマンション経営をすることが近道です。この本の主旨とは変わってきますが、たった4年でセミリタイアした人がいます。

当時、サラリーマン大家さんだった35歳の豊田さん（仮名）は、仕事を辞めてセミリタイアして専業大家さんになることを目標にしました。

そのためには退職しても食べていけるだけの資金と建物を維持管理するための資金を確保する収入が必要でした。

普通のサラリーマンの豊田さんですから、最初からたいした資金はありません。そこで、物件評価（積算評価）が高く、頭金がなくても、銀行がフルローンで融資してもらえそうな物件を中心に探すことにしました。

なおかつ4年でセミリタイアする目標があったので、短期間で一気に物件を見つけて購入をしていく必要がありました。

豊田さんは、ビジネスで学んだ企業買収の投資家、ウォーレン・バフェット氏の言葉「バカでも経営できる会社の株を買え！」に見習って、「バカでも経営できる賃貸マンションを買う」と方針を決めました。

豊田さんの考えた購入ポイントは4つありました。

1. 賃貸人口の増えているエリア
2. 周辺物件の間取りや家賃を調査してそれ以上の優位性がある。たとえば、家賃、部屋の広さや、南向き、駅近など
3. 将来のリスク、近隣に新しい競合物件が増えないところ
4. サラリーマンでも融資が受けられやすい担保※（積算）価格が売却価格より高い物件

※積算価格は金融機関が融資にあたって担保価値としてみる評価額です。
・土地は一般に路線価（相続税評価額）からその80％の間で評価します。
・建物は構造別に木造（W）は平米当たり16万円。鉄骨（S）は平米当たり18万円。鉄筋コンクリート（RC）は平米当たり20万円。
・各法定耐用年数は、木造22年、鉄骨34年、鉄筋コンクリート47年。
新築時延べ床面積をかけて新築価格を出すと、
・「新築価格×残年数÷耐用年数分＝残存価格」からその70％の間で評価します（金融機関により評価方法は異ります）。

このようなポイントを意識しながら物件を探し始めました。

あらゆる有名な不動産サイト（楽待、健美家、不動産投資連合隊等）に登録し、条件が合った物件を問い合わせ、家賃収入状況がわかる「レントロール」を取り寄せ、現地訪問、現地調査という手順を繰り返しました。

毎日、帰宅後ご夫婦で、各不動産サイトの物件を30~40件チェックしました。何と月間で1000件、年間で1万件にのぼります。

そうして買えたのが、次のマンションでした（164、165ページ参照）。

1年目で、7200万円のマンション1棟。
2年目で、2億6000万円のマンション1棟。
3年目で、6200万円と5800万円のマンション2棟。
4年目で、1億6600万円と3600万円のマンション2棟。

購入にあたっては、先に買った家賃を頭金として使いながら、余分に自分の蓄えをつぎ込まなくてもいいように計算しました。

これだけ加速できたのは2棟目で年間の家賃収入が2800万円ある物件を買えたことで、それ以降の物件購入の資金繰りが楽になったからです。

物件購入当初の5年ほどは建物の減価償却費のおかげで税金がほとんどかかりません。そのため、家賃収入のうち返済と経費を支払ったあとに残った資金が、まるまる物件購入に使えたわけです。

合計6棟　総資産額　6億円

借入総額　5億6550万円

家賃収入　7540万円

借入返済　3306万円

諸経費　1508万円

手元資金（キャッシュフロー）　2726万円

これで仕事を辞めても、年間2726万円（月227万円）のお金が残ります。この中で、建物を維持するための費用を積み立てても、月100万円以上が生活資金として使えるようになります。これだけあれば、セミリタイアしても、家族でゆとりを持って暮らせます。

短期間にたくさんの借金を抱えるリスクと心理的な重圧がありますが、セミリタイアという大きな目標の中では、想定されている心理です。

豊田さんは物件購入にあたっても、銀行の返済やリスクについてもかなり緻密に分析していました。

豊田さんは言います。

「不動産投資は経営です。起業するのと同じで、軽い気持ちで参入すると、やけどするので、やめたほうがいいと思います。逆に、本気でやるなら3～5年で月100万円のキャッシュフローを得るのはそんなに難しくありません」

この豊田さんのようにセミリタイアを考える人は、時間とお金を集中的に投資して、途中であきらめずに、目標を明確にして毎日続けることが大切です。

私が見ている中でも、途中であきらめてしまう人が多いので、不動産投資はいかにモチベーションを維持していくかが鍵です。

セミリタイアを目指すならレバレッジを利かせるしかない

現在では資産づくりを加速するには、豊田さんのように金融機関からの融資を利用します。他人資金（銀行ローン等）です。この資金資源をうまく利用して大きな運用

4年でセミリタイアした
豊田さんのマンション購入歴

購入年	地域	物件No.	戸数	物件価格(万)	借入(万)	家賃収入(万)	返済(万)	満室CF	表面利回り
2011	大阪	①	9	7500	6750	720	360	216	9.6%
2012	岡山	②	48	23500	20000	2800	1090	1150	11.9%
2013	岐阜	③	19	6900	5800	750	360	240	10.9%

①

②

③

購入年	地域	物件No.	戸数	物件価格(万)	借入(万)	家賃収入(万)	返済(万)	満室CF	表面利回り
2013	岡山	④	20	6500	5500	790	312	312	12.2%
2014	岡山	⑤	18	17500	15500	1900	949	949	10.9%
2014	岡山	⑥	15	3700	3000	580	235	235	15.7%
①〜⑥合計			**129**	**65600**	**56550**	**7540**	**3306**	**2726**	

④

⑤

⑥

益を上げるのです。

不動産投資のメリットとしての**「レバレッジを利かす」**投資です。たとえば、第3章で紹介した大山さんのように、150万円の不動産購入と100万円のリフォーム代で稼げる年間家賃は62万4000円でした。では、250万円の戸建賃貸と借金で購入した2500万円の賃貸アパートを具体的に比較してみましょう。

賃貸アパートの購入には、投資資金250万円を頭金にして、2250万円の銀行ローンを組み、2500万円の賃貸アパートを買うとします。

2500万円の物件の家賃収入の利回りが10%あるとすると、年間250万円の家賃です。一気に同じ資金で62万4000円から250万円、家賃収入は4倍に跳ね上がります。

ローン返済をしている時は、手取りベースで概算年間70万円程度しか残りませんので、現金で投資した時とあまり変わらないかもしれません。しかし、ローン返済を終えると、一気に毎年250万円の収入と2500万円の不動産資産が手に入るわけです。

借入返済が終われば、受け取れる収入は戸建賃貸の約4倍、資産は10倍に跳ね上がります。

時間の経過があなたに、多額の家賃収入と不動産資産をプレゼントしてくれる計算です。

そのまま現金購入だけの不動産投資を続ければ、あなたの現金投入した分の資産が手元に残っているだけです。

レバレッジを利かせることで、他人の資金と家賃収入でまとまった資産が手に入るということです。

レバレッジには金融緩和を味方につけて加速する

レバレッジを利かせた不動産投資のうまみを理解したら、どんどん購入を進めてもかまいません。順調に返済も進み、規模も拡大していくと、あなたの周りの金融機関も放っておかないはずで、次々に不動産情報や融資話を持ってきてくれます。

今は、アベノミクスの金融緩和のおかげでお金はじゃぶじゃぶありますが、貸すところがなくて金融機関も困っているのが現状です。

上場企業は株式発行や社債で資金を調達するので借りてくれません。だからといって、下手に中小企業に貸しても時代の流れが早く、仕事の浮き沈みの激しい中で融資しても無事に返ってくるかわかりません。不安な金融機関は、いざとなったら不動産を売却させて回収しやすい、不動産投資に積極的なのです。

こんな金融情勢を利用しない手はありません。

今の段階では実感がつかめないかもしれませんが、レバレッジを組み合わせながら不動産投資をすると、あっと言う間に数千万から億単位の年間家賃収入を得られるようになります。

たとえば、大家さんの内木さん（仮名）は、ご主人のボーナスを貯めた預金を使って不動産投資を始めました、最初の頃は１５０万円や２５０万円など手元の現金で古家や競売で落札した物件を賃貸に回して家賃を稼いでいましたが、徐々に金融機関からの融資も受けるようになり、何と10年ほどで、年間家賃収入が1億円になるまでになりました。

また先述の豊田さんも、銀行ローンをうまく利用しながらレバレッジを利かせて投資を拡大して、短期的にセミリタイアできるところまで加速させました。

このように、最初の一歩は大変ですが、始めてみると雪だるま式に一気に家賃収入、不動産資産を増やすことができます。

レバレッジを利かせることで、あなたの不動産投資は一気に加速していきます。

戸建賃貸の新しい形――2世帯住宅が賃貸物件に！

私の顧問先の建設会社が、これからは分譲住宅も人口減少、世帯数も減少していくのを見越して、収益不動産部門を設置して、地元の地主さんや投資家を開拓し始めました。

ところが、すでに大手建設会社が顧客を囲い込んでおり、なかなか参入できず、収益マンションの提案をしても建設してもなかなかお客様が見つからない状態でした。

そこで、地主さんや大家さんだけが不動産投資家ではなく、現在は普通のサラリーマンでも十分不動産投資家になることを話して、大手とは違った投資家の見つけ方をレクチャーしました。

私はその頃、よくセミナーで普通のサラリーマンの方に、2世帯住宅をつくり、一方を賃貸に回す賃貸併用住宅を提案していました。

「自宅もただ住宅ローンで借りて住むだけなら負債です。これからは自宅も資産活用することで資産から収益を生むことが大切です」とセミナーでは話していました。

住宅も連棟ですが、できるだけ見た目は別々の戸建に見えるように工夫してもらいました。

この場合2階のクローゼットのところがつながっているだけなので、まさに戸建賃貸のような雰囲気になっており、すぐに入居者が見つかりました。

50％以上の自宅部分があれば、35年の住宅ローンを使うこともできるので、月々の返済額を少なくして、次ページのような物件にすれば、何と片方を賃貸するその家賃だけで返済できてしまいます。

売買価格は3600万円の新築です。これを35年、2％の金利で住宅ローンを借りると、毎月の返済は11万9232円になります。

なんと、隣の部屋を月12万円で貸すと、ローンの支払いができてしまいます。自分

新築を２世帯物件にして１世帯分を賃貸物件にする新しい不動産投資

◉土　　地：165平米（約50坪）
◉建　　物：木造２階建１棟２戸
　　　　　　延べ床面積１戸78平米（23.59坪）
◉間　　取：3LDKが２戸　全部で156平米（47.19坪）
◉駐 車 場：２台つき
◉月額家賃：12万円

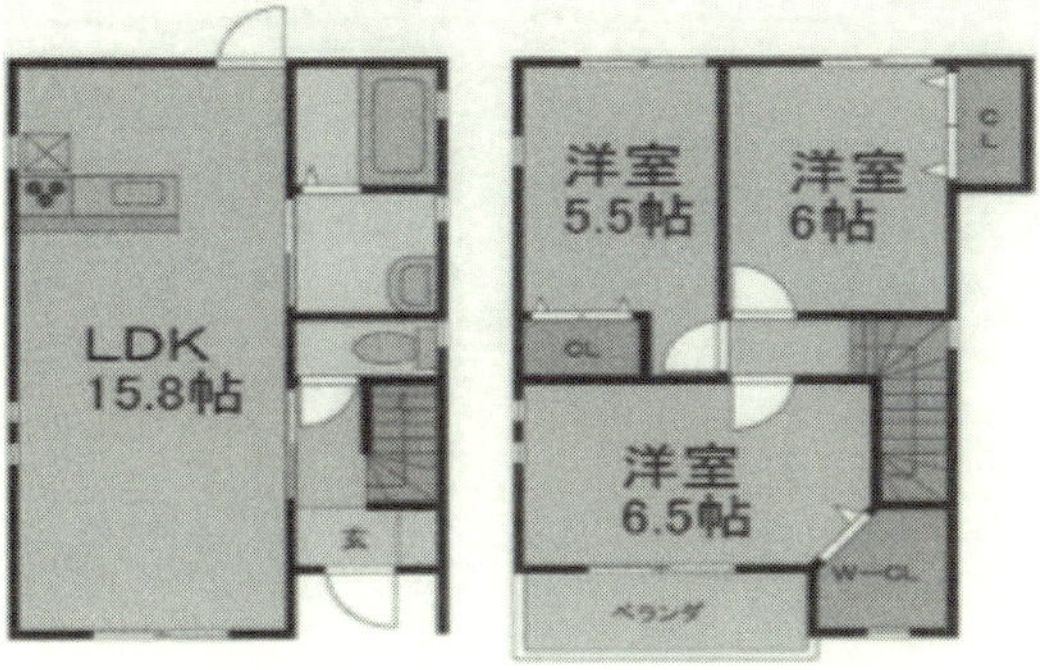

1F　　　2F

※上記の間取り図のような物件が同敷地内に２棟あり、
　１棟を自身が住み、もう１棟を賃貸物件としている。

はローンの支払い負担はゼロになります。

私はこのような物件を、顧問先の建築業者に建てて、普通のサラリーマンに買ってもらうことを提案しました。たまたま、分譲住宅用に持っていた用地を急きょこの企画に変更、私のセミナーにきていたお客様の西川さん（仮名）にお話ししたところ、その場でプランだけ聞いて購入の申し込みをしてくれました。

まさか、この会社もこんなに簡単に収益不動産にお客様がつくとは思っておらず、ビックリしていましたが、それからもこのような賃貸併用住宅による収益不動産事業に参入することで、ほかの大手と競合することなく順調に業績を伸ばしています。

物件を購入した西川さんも、後日転勤になったのですが、逆に転勤先は、家賃を会社が全額負担してくれたので、自分が住んでいた自宅の部分も賃貸することで、逆に**10万円ほどの余裕資金ができる**ことになりました。

まさに住宅ローンの支払いをゼロにしたサラリーマンという話です。

第5章
不動産投資の心得！
これだけ押さえれば
不安なく始められる

500年かけて磨かれてきた大阪商人の教えは、不動産投資にぴったり

大阪で商業が盛んになったのは、15世紀後半の応仁・文明の乱あたりからと言われています。それまでも、奈良時代から漁村や港町としてにぎわっていましたが、遣明船の発着地を兵庫の津から大阪の堺へと移されたこの時代から大きく商都として発展を始めました。

16世紀に来日したイエズス会の宣教師フランシスコ・ザビエルは、堺には「ほかのどの都市よりも多くの金銀が流れ込んでいる」と手紙を書いています。

すでに、16世紀には豪商も出現しており商業の中心として、大阪商人は堺を中心に貿易都市・自治都市として世界に知れわたるようになっていました。商売の歴史として500年の時を経て磨き込まれています。

このように、大阪では脈々と人々の間に長い時間をかけて商人気質が浸透して、大阪の人はすべて商売人だと称されるようになりました。

500年の時を経て磨き上げられた商人の考え方や行動指針は、今の時代にも十分

に通用するものです。大阪商人の教えを紹介しながら、あなたの資産づくりの成功に役立ててもらいたいと思います。

自分のことは自分で守っていかなければならない時代

大阪商人には、もともとお上に頼らない気風があります。これからの日本ではこうした気風が大切だと思います。これからの日本でお上を頼りにしても、あてにならないことはあなたが一番感じていると思います。

年金が老後十分に支給されると思いますか？

医療費負担が高騰している中、このまま国民皆保険制度が維持されますか？

少子高齢化時代に子供たちがあなたの面倒を見られますか？

自分のことは自分で守っていくしかない社会がくる可能性が高いですが、今から準備をしておかないで大丈夫ですか？

とにかくお上（国や政府）に頼らない生き方が必要でしょう。私は大阪の商人として、昔からお上に頼らない気風に接してきました。

大阪には、八百八橋と呼ばれるほどたくさんの橋がありますが、今も橋の名前で残っている淀屋橋は、当時の豪商の淀屋さんがつくりました。そのほかのほとんどの橋も民間でつくられたものです。

また、大阪市のど真ん中にある大阪市中央公会堂も、大正時代に、当時北浜で仲買人をやっていた岩本栄之助さんの寄付で建てたものです。

大阪の２代目の通天閣も当時の戦後の復興のシンボルとして、なんと地元商店街の人たちがお金を出し合って建設したのです。そのほかにも民間の寄付によって学校や塾、医療施設も建てられました。

私の地元の堺でも、その昔、室町時代から戦国時代まで、世界でも知れわたっていた自治都市「堺」を豪商たちが自治して、政治的文化的に日本を支えていました。

まったく、お上に頼らない自由な町がそこにつくられていました。

商人が支配するなんて、何か腹黒いイメージを持っているあなたは、時代劇の商人像に毒されています。逆に政治や権力に左右されず、自由闊達《かったつ》な「黄金の日々」と呼ばれる商人や庶民が自由に豊かに暮らした時代が築かれていました。

時代とともに政治の中心は京都や江戸・東京に移っており、大阪がお上を頼りにすることができなかったという事情があるかもしれません。

でもこの気風こそ、これからの日本では大切な生き抜くための心構えだと思います。国がなんとかしてくれる、国に頼めば自分は何もしなくてもなんとかなる、いつかはきっとやってくれる……。こんな他力本願な考えは、自分自身を破滅させます。

お上に頼らず自分のことは自分でやる、自分の年金は自分でつくる。これくらいの気概がなければ、日本の衰退とともにあなたも道連れにされるだけです。

誰かに依存せず、自分でモノや事を見て考えるようになれば、自然とあなたの能力も創造力もアップし豊かな成功の道筋が見えるはずです。

まずは少額投資のための金を貯めることから投資の道が生まれる

大阪では、商人以外にも浸透している考えに「始末」というものがあります。資産づくりにまず必要なのが、この「始末」です。

大阪では、高級ブランドを買って自慢しても誰も興味を示しません。それよりは、高級ブランド並みの品質を持った、安くて良い質のものを買うと自慢します。安く買うことが正義なのです。

大阪人は、見た目より実質本位にものを見ています。同じような質のものなら、より安いほうがいい。名前やブランドで値段に見合う質が伴わなければムダだという考え方が「始末」です。

それよりはお金を1円でも有効に使うために日々アンテナを伸ばしています。

このように始末することで、資産づくりのための種銭をつくるのです。まず資産をつくるためにはお金を貯められる人にならないとダメなのです。

空き家不動産投資は、少ない金額でも貯まっていくと雪だるま式に増えていきます。でも、ほとんどの人がこの最初の芯になる種銭を貯められません。しかし古今東西、1代で大金持ちになった人は種銭を貯めることから始めています。

海外でも、お金持ちになる方法を書いた、不滅の名著『バビロンの大富豪』（ジョージ・S・クレイソン著、グスコー出版刊）の中では、大富豪のアルガミシュが若者のアルカドにどうすれば、お金持ちになれるかを教えるシーンがあります。

「わしが富への道を見つけたのは、稼いだものはすべてその一部を自分のものとして取っておくこと」

この大富豪のアルガミシュは、稼いだお金の10分の1を貯めておくように話しました。それまでは、給料をすべて使ってかつかつの生活だったアルカドでしたが、別に10分の1を最初に天引きするようになって、不思議とお金が足りなくなることがなくなりました。

そして、これからアルカドの億万長者への道が始まったのです。

『バビロンの大富豪』の話は寓話ですが、日本ではこの話を実践した、伝説の億万長者・本多静六さんがいます。『私の財産告白』（本多静六著、実業之日本社刊）では、次のようなことが書かれていました。

彼は１８６６年に生まれ、幼い頃にお父さんを亡くし、苦学して現在の東京大学農学部に入学、のちに助教授となり、貧しい学者生活の中で独自の人生計画を立てました。

なんと現在のお金にして１００億円ほどの資産を築きましたが、その資産も60歳の定年退官を機に、「人並み外れた大財産や名誉は幸福そのものではない。身のため子孫のために有害無益である」として、全財産を匿名で寄付しました。そして、その資金で苦学生のための奨学金が制度発足されたり、いろいろな事業に活かされたのです。

この本多静六さんの財産の基礎をつくったのが、25歳の時から始めた、本多式「4分の1貯金」でした。あらゆる通常収入は、それが入った時に天引きして4分の1を預金にして、臨時収入があるとそれは全部預金してしまうという方法です。


それぞれ古今東西、まずお金持ちになるには、**収入があった時に天引きしてしまう習慣をつけて、お金を貯めていく**という方法が不滅の法則です。

この方法は、毎月お給料をもらえるサラリーマンにとってとてもやりやすい方法です。本多静六さんもずっと大学勤めのサラリーマンで、何か新しいビジネスで大儲けしたり、起業したわけではありません。あくまで自分の仕事をしながらの資産形成術です。

若い時分の給料の少ない時は、10分の1でも、4分の1でも大変だと思います。しかし、この習慣のない人に資産家になる第一歩は踏み出せません。

経費をケチってはいけない——成功した大家と失敗した大家の違い

経費は節約することをお勧めしましたが、逆に経費を削減しすぎて損をすることもあります。私は商売の心得で「才覚」という創意工夫が必要なこと、ほかの物件と差別化しないと、これからの競争時代に勝ち抜けないとお話ししました。

そこで、自分の物件を差別化し、余計な競争に巻き込まれないようにするコストまで削減してしまってはダメな理由をお話しします。

ある競争の激しい地域の2人の大家さんの実話です。

どちらも同じような物件でワンルームを所有していました。Aさんは月3万円で貸していてBさんは6万円で貸しています。Aさんは私に会うたびに、「家賃がどんどん下がっていて経営が大変だ。儲からないのでどんどん安い内装業者に変えて経費を削減してなんとかやっています」と言いました。

たしかに空室を見に行きましたが、内装工事は可もなく不可もなくというもので、私から見ると「安かろう悪かろう」のどこにでもあるワンルームの工事で、値段が安くないと貸せないという印象を持ちました。当然、安売り戦争に巻き込まれているなというのが感想でした。

ではBさんの空室はどうだったかというと、ターゲットの若い女性向きに入口に防犯カメラがあり、部屋も2重サッシでとても静かで、さらに女性が喜びそうなかわいい色のポイントクロスが張ってあって、まるでおしゃれなビジネスホテルのようでした。2重サッシはとても高価なもので、普通はなかなか取り付けないものなのですが、省エネの補助金がもらえる時期に一気に付け替えたので、それほど費用はかかりませんでした。Bさんは、上手にその時の補助金等を使い、低コストで高品質のリフォームをしました。

結果、同じ地域で2倍の家賃格差が出ているわけです。同じような規模の物件ですので双方建築費や借り入れの返済には大差がないはずです。

そうすれば、家賃が高いBさんのほうが断然儲かっています。

Aさんは家賃が下がるので、経費を下げて家賃が下がっても大丈夫にしようと考えて、工事代をどんどん節約しました。しかし、その節約がますます家賃収入を下げないと入居者が入らない物件をつくって苦しくなってしまいました。

Ｂさんは、周りにどんどん同じような新築の物件が建ち、競争が激しくなるのを考えて、ターゲットを絞ってほかの物件にない特徴づくりに専念しました。

同じような家賃の中では、一番高品質になるように工夫しました。

おかげで、家賃を高く払ってくれる属性の高いお客様は、こぞってＢさんの物件に住むようになり、Ａさんの物件では家賃の低さだけを目当てに入居した人だけになってしまったのです。

部屋に入居者をつけてくれる不動産業者の手数料でも大きくコストが変わっています。Ａさんの物件は競合が激しく、同じような物件が多いため、自分の物件に案内してもらうために高額の広告料を業者に支払わなければなりません。

しかしＢさんの物件は地域一番の物件になっていて、案内するとすぐ決まるので、業者も良いお客様がいるとこぞって最初に案内します。

そのためＢさんは業者に支払う広告料もそれほどかからず、その分をますます物件のために使うことができるようになり、結局、不動産業者の手数料も節約になっているのです。

目先の節約だけを追いかけたAさんは結局、負のスパイラルに入ってしまいました。

このようにコストをかけてもまったく役に立っていないことを、「安物買いの銭失い」と言い、いくら節約していても大阪では馬鹿にされてしまいます。

お金をかけるなら活かさないとダメです。

大家さんの場合、**自分の物件の差別化にかけるコストは手を抜いてはダメ**なのです。工事の安さにつられて、普通のことをしてしまうと、価格競争に巻き込まれて結局は損をしてしまいます。

あなたが節約しようとしているコストはどんな性質のものが考えられるでしょうか？

お金をかければ成果の上がるものにしないといけません。同じ内装工事なのにコストと成果を考えずにやってしまうと、長い期間で大きな差になって出てしまいます。

このようにお金の使い方の善し悪しを考える商売人感覚を磨かないと、儲けに大きく影響するのです。

大阪には始末という考え方があったからこそ資産家を多く輩出できたのです。宵越《よいご》しの金は残さないという考えでは資産は残せません。

大阪商人はケチだと思っておられた方も、根底には「始末」という言葉で欲を戒めて、世間のことも考えて行動していることを知ってもらえればと思います。

「算用」は経営を成り立たせるためにきちんとお金のやりくりをすること。きちんと資金繰りがついて収支が合うように計画することです。

不動産投資も商売。「感情より勘定」を優先させる

商売では「商品は売れてこそ価値がある」と言われています。

売れない商品を店頭に並べて自慢しても仕方ないのです。

不動産賃貸でたとえると、空室をそのままにしているのは、とてもほめられたことではないのです。収入がゼロなのはいけません。とにかく入居者を見つけることです。

ここで、２つの判断基準があります。

１つは空室に無理に家賃を安くして入れてしまうのは、入居者の質も落ち、ほかの高い家賃で入っている入居者に文句を言われるのがイヤだ、だから空室のほうがまし

だと思う人。

もう1つは、空室はお金をロスしている、安くても入れば毎月なにがしかの収入になる、空室なら収入はゼロじゃないか、いやいやそもそもこの空室にもコストがかかり固定資産税もかかっているのだから、むしろマイナスだ、それならとにかく安い家賃でも入れておくほうがいいと思う人。

以上のように2つの考え方があります。私が長年大家さんと接している中で、最初の判断をする人は、家賃を下げるイコール大家の負け、プライド的に許されないというような感情判断タイプの人が多いです。

2番目の判断をする大家さんは、合理的に損得勘定を考えて判断されています。

商売で勝つためには**「感情」ではなく「勘定」**が必要です。

これを商売では「算用」と言っています。

不動産投資をする時もこのような商売感覚がないと判断を誤ってしまいます。たとえ、公務員やサラリーマンであっても、お客様や入居者からお金をいただく場合は、算用して判断していくことです。

節税は悪いことではない。累進課税の落とし穴

節税は税理士に任せておけば大丈夫と考えているなら、それはお気楽すぎです。脱税はダメですが、せっかく稼いだ自分の儲けを、どのように采配するかで残るお金が大きく変わることを知っておく必要があります。**税金の性格を知り、それに合わせて対策を打つ**ことが大切です。

あなたは、「累進課税」という言葉を知っているでしょうか？

これは、小学生や中学生でもならう所得税の課税方法で、所得によって税率がどんどん上がっていく仕組みです。でも何となくでしかわかっておらず、リアルに感じて手を打っている人は少ないかもしれません。とても簡単な例で累進課税を節税できる方法をお話しします。

今、竹中さん（仮名）が、年収２０００万円の収入があるとします。

この場合、竹中さんの所得税と住民税の税率を合わせると50％になり、税金は１０

00万円になります。手元には1000万円が残る計算です。

しかし、竹中さんが家族に収入を分散させたらどうなるでしょう。

本人　　500万円
奥さん　500万円
息子さん　500万円
娘さん　500万円

合計2000万円とすると、1人ひとりの収入は500万円なので所得税と住民税の合計税率は30%となります。そうすると、1人当たり150万円の税金、家族全員では600万円です。

家族に残る手元のお金は、1400万円になり、なんと400万円も余分に残ります。サラリーマンの平均年収分くらい残せるのです。

これは、累進課税が所得が多い人ほど税率が高いことを逆手に取って、所得を分散して低い税率で税金を支払えば簡単にできる節税です。

しかし、この累進課税の性質を理解していなければこのような手を打つことはできません。知っているようで、実は活かせていないことが多いのです。

税金が高い高いと文句ばかり言うなら、少しでも税金に興味を持って節税のアイデアを考えてみるほうがいいと思います。

税理士と言えども、所得を分散できるあなたの家族をすべて把握しているとはかぎりません。またいろいろな節税方法があっても、あなたが理解できないものであれば税理士もあえて勧めない場合もあります。

ほかにも資産家の所得の分散方法では、一般的には法人化という３つの手法が使われます。

１つは、建物を法人に所有させること。もう１つは、家族の会社に管理委託させること。さらには家族の会社に一括で借り上げさせること。この３つの方法があります。

このように少し税金に興味を持つと、いろいろな手法があるのを知ることができます。何でも税理士に丸投げせず、あなたが稼いだ大切なお金ですからいかに節税して残していくかは自己責任として意識してください。

こういったことに手を抜くと、お金を残すことはできません。同じ収入でも、きちんと「算用」して、経費の節約「始末」を行い、残るお金を増やしていくことができれば、どんどん次の投資にも回していけますので、ますます加速的に資産が増えていきます。

不動産投資で銀行よりも上手な資産運用ができる

ある程度、種銭を貯めたらけっして預金のまま塩漬けにせず、今度はそのお金を活かさなければなりません。

単純に今の日本で預金を続けても雀の涙ほどの利息がつくだけで、銀行は、あなたの預金を使って利息の何百倍の金利であなたの資金を運用しています。

たとえば、今1年定額預金で都市銀行に預けても年間0・025％の利息しかつきません。300万円預けたとしても年間で750円にしかなりません。

7年も8年もかけてコツコツ貯めた300万円で、年間750円にしかならなければ貯める気も失せてしまうというものです。気分だけでも腐ってしまいますが、このまま預金でおいておくとお金も腐ってしまいます。

しかし日本では預金することが善で、投資にお金を使うなんて悪だというような潜在的な意識があるようで、預金率は世界一ですが、いざ投資となるとたいしたことはありません。

日本では投資イコール博打のように思う変な誤解があるようです。貯めたお金を適切に運用することは当たり前のことです。銀行や証券会社にお金を預け、それが投資だと思っている人がいますが、それは他力本願で、自分が積極的に関わった投資と言えません。その場合は預けて運用したほうに主な儲けが行ってしまい、自分は儲け残りをありがたくいただいているようなものです。

お金が腐ると言ってもピンとこないかもしれませんので、わかりやすいたとえ話にします。

今、１００円のリンゴがあったとします。これを１５０円で売ることができれば５０円儲かります。これは、まず自分のお金の１００円を使いリンゴというモノにしてそれを150円のお金に生まれ変わらせたということで、お金が膨らんで喜んでいます。

しかし、その100円のリンゴを売ることができず、腐って廃棄すると、一見リンゴを腐らせた現象しか見えませんが、実はお金100円を腐らせていることなのです。銀行の金利程度では、時間の経過とともに目減りさせていることになります。銀行に預けているのは、銀行は儲かるがあなたは目減りさせ、腐らせているのです。

銀行に預けている種銭をきちんと投資して膨らませていかなければならないのです。

では、あなたは住宅ローンや事業用ローンの金利がいくらか知っていますか?

実は2~5%の金利で貸し出されています。

あなたから預かったお金の利息は0・025%、それを銀行が貸し出す時にはなんと80~200倍の金利を取って稼いでいます。

なおかつ銀行は、あなたから預かったお金の数倍の融資ができる仕組みになっています（経済用語でいうと「信用創造」といいます）。ということは、80~200倍の金利を取ったビジネスを、あなたの預金を元にして、そこからまだ数倍の利益を出せるということです。

銀行のようなうまい商売など、どんなビジネスにもありません。普通の商売で原価の何百倍もの値段で売れるものなどないのです。あなたが、利息が安いと嘆いている間に銀行は何百倍と儲けています。

これは預金者を犠牲にして、低利回りの国債でも利益が出せるような銀行のビジネスモデルなのです。**あなたは銀行にお金を預けてお金を腐らせている**のです。

そこで、銀行に頼らずあなたが自らの力で資金を運用して稼ぐということは、たとえば、これが不動産投資のように、お金を不動産に置き換えて（別の言い方をすると投資して）運用すると、8〜10％くらいの利回りは簡単に確保できます。銀行よりよっぽど運用上手に利回りを稼いでいます。

とにかく種銭を活かしてお金から何かに置き換えて、お金を働かすという考え方に変えないかぎり、あなたがお金持ちになることはないのです。

空き家の資産価値を高めるための工夫は山ほどある

商売では、「商品を大切にする」ことが前提になっているのですが、資産家の中には、せっかく高額な投資をして物件を買ったのに、あとは管理会社に任せっぱなしにする人がいます。

しかし、よく考えると、物件に変わってはいますがもともとはお金です。ですから、お金と同じように物件も大事に扱わなくてはなりません。

私の経験から言うと、賃貸不動産の清掃代や設備の修繕メンテナンスをケチる大家さんで儲かっている人はいません。

どんな時も資産をいかに維持管理していくかということが大切なのです。

ただ建物を建てて貸している人は、自動販売機でジュースを売っているのと同じで才覚があるとは言えません。日々怠りなく商品として磨き上げることで、入居者を増やし家賃を得て資産を働かせることができます。

ヨーロッパの住宅は、家をメンテナンスしながら50年も100年も住み継がれています。ヨーロッパの有名な住宅に関することわざがあります。

「親が家を建て、息子が別荘を買い、孫がボートを買う」

家は何代にもわたって住み続けられるため、孫の代には家を買う必要もないということわざです。

このように資産は何代も受け継がれるものなのです。資産を大切にすれば、あなたの一族に長く貢献してくれます。


また、今ある商品の意味をお客様が違ってとらえると変わってしまうように、たとえ古い空き家でも、入居者が抱くイメージは内装でガラリと変わります。

たとえば、何の変哲もない野球ボールが有名選手のサインがあるだけで、値段に変えられない価値が生まれるという具合です。このように、同じ物でも付加価値をつければ、物質的価値以上の値段がつくわけです。

賃貸住宅の大家さんで言えば、ありきたりの壁紙を張り、ありきたりのキッチンなどの水回りがあるだけでは、どのマンションのどの部屋とも変わりがないのです。

そこで、どんな付加価値をつけるかを考えること、これを大家業ではリニューアルやコンバージョンなどと呼んでいます。

古い部屋でも、カラーコーディネートしたり、部屋の間取りを変えたり、おしゃれなデザインクロスをつけたり、内装を入居者に決めてもらえるサービスなど、今の入居者の嗜好に合わせたものにしていきます。

差別化を図って、ほかの部屋とは違う価値をつけ入居者に選んでもらえる物件に変えれば、通常より少し家賃が高い設定も可能です。

空き家でも高い家賃を取れる仕掛けをつくる

私はあまり高く売ることより早く売れる、商売でいうと回転率を上げるという考え方のほうが失敗が少ないと考えています。

大阪ではこのような回転率を重視することを「コマは、回ればシャンとする」と言っています。

高く値段設定できるクオリティーがありながら、ほかの商品と同じ値段だという感覚です。

「こんなに素敵な部屋なのに、ほかと同じ家賃なんて、なんてお得なの！」と思われるほうが商売はしやすいと思います。

値段を高くすると、お客さんの目はとてもシビアになります。高い料金と言えば、たとえば、一流ホテルのスイートルームを思い浮かべてください。

ビックリするような料金ですが、それでもいつも予約がいっぱいです。それは一流の高価な料金を取るには、すべての仕掛けが一流でないとダメなのです。立地も最高級、展望も最高級、室内の調度品も最高級、サービスも最高、食事も最高というように最高づくしなのです。この1つでも欠けると評価されません。

あなたは、高い家賃が取れるだけの仕掛けがありますか？

立地は？　内装は？　管理状態は？　水回りの設備は？　メンテナンス状況は？

高い家賃を取るためには、たった1つ欠けても、お客様は納得してくれません。

そんなシビアな世界に頭を突っ込まなくても、家賃は相対性理論です。**ほかの物件と変わらない家賃で少し質を上げる**ほうが、簡単ですぐ入居者が決まります。

高級にするために無理な高額のリフォーム代をかけるより、入居者がすぐ決まりますから、空室の間の家賃ロスもムダなリフォーム代もかかりません。

結局、このほうがお金が儲かるということになります。

この辺の、お得感を出す戦略のほうが初心者向けでしょう。

不動産投資は家賃が命。商品はすべて値段で決まる

本当は商売で最も大切な根幹があります。商売人はすごくこだわっているのですが、それがとても大切なノウハウのため、あまり表立って語られないようになっています。

それは何かというと、**「商品の価格設定」**です。

どんな商売でも本当はとてもこだわっている部分です。単純に、原材料のコストを積み上げてそこに利益を足すというような簡単なものではないのです。

こんなことわざもあります。

「商売は、価格で生き、価格で死ぬ」

けっして商品で生き死にが決まるのではなく、すべて値段で決まるのです。

大阪の商売人は昔から、ここにとてもこだわっていました。

大昔の商売では、定価というものが決まっておらず、商人はお客様の顔を見ながら

値段を決めていました。これで商人たちは、お客様の懐具合に合わせてしっかり儲けていました。そのため、お客さんも価格は吹っかけられているものだと考えており、大阪は値切りの文化が根づいていきました。

しかし、時代とともに、過剰な値引きによる消耗戦で儲からなくなってきました。そこで次の価格戦略が生まれます。

大阪商人である、松下幸之助さんが提唱した、「正札を守れ！」です。

松下さんは販売店網に正価販売運動をしていました。きちんと商売で利益を出すために商品の販売価格にこだわりました。

また時代が変わると、メーカーよりも流通業が力を持ち始めます。その時も大阪の商人であった、ダイエーの創業者の中内功さんは、「日本の物価を半分にする」をスローガンに、商品の定価販売の常識をぶち破る、薄利多売の価格設定に挑戦しました。その価格が大衆の支持を受け日本一の流通業者になりました。

また価格を下げないで、ほかの商品より人気と売上を得たいと考えたのも、大阪で創業した江崎利一さん、江崎グリコの創業者でした。

彼は、子供たちに愛されるお菓子になってほしいと、値段を下げずに「おまけ」をつけて、お得感と子供心をくすぐる戦略で大成功しました。
結果的に、価格戦略の善し悪しが、企業の発展や収益に大きく関わるのです。
この話を大家業に当てはめると、

「大家業は、家賃設定で生き、家賃設定で死ぬ！」という感じです。

とにかく、大家さんは家賃設定をシビアに考えないとダメです。不動産業者や建築業者が言っている家賃設定を鵜呑《うの》みにせず、自らも調査して家賃の相場観を持っておく必要があります。

では、多くの入居者に支持され、あなたの物件を選んでもらえる家賃設定のコツをお教えしましょう。

現在は、インターネットで簡単に価格設定が調べられるようになっています。たとえば、

●ホームアドパーク（家賃相場情報） http://home.adpark.co.jp/price/
●ホームズ（家賃相場情報） http://www.homes.co.jp/chintai/price/

このページであなたの物件の最寄り駅の家賃相場を調べます。

単純に平均相場だけ見るのではなく、募集されている物件の一覧からあなたの物件の築年数の近い同じ間取りのものを検索して、家賃を5種類に分けてください。「最低」「中の下」「中」「中の上」「最高」の5つです。

ここで、もし大阪商人なら、**部屋の内容は「中の上」、家賃は「中の下」にして募集します。**

たとえば、ある2LDKの物件が、一番安いのが6万円、中の下が7万円、中が8万円、中の上が9万円、最高が11万円とすると、あなたの物件の家賃設定には、中の上の9万円に近い内装状況にして、中の下の家賃設定7万円にします。

これであまり値段を落とさずに値ごろ感が出ます。

よく失敗する大家さんは、早く入居者を入れたいため、最低価格の6万円で募集してしまいます。自ら焦って儲からない家賃設定でのちのち苦しむことになります。

家賃を下げるのではなく、入居者のためにコストをかける

かつて家賃設定を失敗して、自らのクビを締めた大家さんの話をします。

この大家さんは部屋（ワンルーム）が空くたびに、インターネットで検索した家賃の一番安い家賃より常に少し安くして募集しました。そのおかげで、とても競合物件の多いエリアで、いつもすぐに入居者は決まりました。

しかし、しばらくすると空室が出るたびに、その地域の検索家賃は下がり続けていきます。そのたび、その大家さんは最低価格で募集をしていました。

最初の頃の募集家賃が５万円ほどだったのが、３年もすると相場が３万円以下になっていたのです。

ここまで下がってしまうと、さすがに大家さんも採算が合わなくなるので、近くの業者に相談に行ったそうです。物件名を告げると、

「あなたですね、この周辺の家賃を下げてしまったのは！」

と、業者に叱られたそうです。

いくら自分の物件を早く取りつけたいからといっても、どんどん値段を下げて募集したものですから、それにつられて周辺の大家さんの家賃も下げざるを得なくなり、この地域はとんでもない消耗戦になっていると告げられたのです。

こんな家賃では、まともにリフォームもできず、大家さんも物件にコストをかけられなくなってしまい、物件もどんどん劣化してしまう状況になります。

やはり最低でも、**物件が維持できるだけの家賃収入**を得なければ大家業を続けてはいけません。何でも安ければいいというわけにはいきません。どんな場合でも、たとえぼろ儲けでなくても、きちんと適正な利益を上げなければ大家業を続けていくことができません。

私は、その大家さんには値段を下げるのではなく、入居者のためになることにコストをかけて、入居者が納得してくれる家賃設定を指導して、この安売り戦争からの戦線離脱を行いました。

大家さんに真心がなければ入居者は決まらない

大阪では、商人はまず丁稚《でっち》から始まります。丁稚には商売の仕方を教えてもらえません。教えてもらえるのは「挨拶《あいさつ》の仕方」「返事の仕方」「立ち振る舞いの仕方」、これらを徹底的に仕込まれます。

これらがマスターできるまでは何もさせてもらえません。お金は相手様が持っており、儲けさせてもらうには相手様に喜んでもらうしかない、だからこそお客様への接し方を教わるわけです。

そこでまず、好感を持ってもらうための挨拶・返事・立ち振る舞いを体が覚えるまで叩き込まれます。どんなコミュニケーションもここから始まります。

これは簡単なことのようで難しいものです。しかし、裏を返せば挨拶ができる人はコミュニケーション能力を上げるのはたやすいのです。

コミュニケーションには必ず相手がいます。相手によって挨拶を使い分ける訓練をします。家族や友人や同僚やお客様でははっきり使い分ける必要があります。

お客様には、真心を込めなさいと言われます。「真心」は相手を思いやる気持ちです。相手の気持ちになって、相手のためになることは何かをいつも考える心です。

私は大家さんには、空室を案内される内見者のために、以下のような「大家さんの手紙」を部屋の目立つところに貼っておくように勧めています。その文章の内容の中に大家さんの真心を込めています（アパマン大家さんの例）。

「ご内見ありがとうございます。

このたびは、マンションをご覧になっていただいたわけですが、いかがでしたでしょうか？

お客様のご要望は千差万別ですから、当然気に入っていただいた点、またご希望に沿わない点、いろいろあったことかと思います。

しかし、私どもでは、できるかぎりお客様のご要望を反映させて、より快適にお過ごしいただけるよう日々努力することを信条としています。

もし、ご入居の条件等ご要望がありましたら、お気軽にお問い合わせください」

大家◯◯

このように、売り込みではなく、なんとか入居者の要望に耳を傾けようとする大家さんの姿勢を表明しています。これだけでも、こんな親切な大家さんのところに住みたいと、入居者が決まってしまう場合もあります。

大家さんの入居者への思いやり、「真心」が短い文章ですが表現されています。これは、面と向かったコミュニケーションではありませんが、間違いなく、大家さんと案内された内見者との間で気持ちの通い合いがあります。

商売人と言っても、ただ物を売るだけでは自動販売機でもできるわけで、お客様の身になって、買っていただいた商品についてプロとしての専門知識を持ってアドバイスやお手伝いができるようでなくてはなりません。

賃貸不動産経営では、**入居者のためになることしか、してはダメ**なのです。自分の自己満足でお金を使っても、入居者のためにならなければダメです。

自分の物件の入り口に豪華な置き物や内装を施して自慢して見せびらかしている方がいました。しかし肝心の部屋のほうにはたいしてお金をかけていない。

入居しようと見に来た人が、こんな豪華な玄関なんだから、きっと部屋も素晴らしいと思って見てみるとがっかりします。もちろん、こうした物件はなかなか入居者が決まりません。

こうなると入り口の豪華な置き物や内装は無駄金を使ったことになります。

あなたは、いつも入居者目線に立って、果たして自分のしていることが入居者のためになっているか、いつも自問自答しないといつの間にかあなたの物件は退去だらけ、空室だらけのゴーストタウンになってしまいます。

真心とは、独りよがりにならずお客様の期待に応えていくことです。

私と一緒に勉強している大家さんはみんな、定期的に入居者や入居者を紹介してくれる業者さんにアンケートを取っています。

不動産投資で成功するには続けることが王道

大阪では商売のことを「商い」と言いますが、これは飽きずにコツコツ続けることを商売の鉄則としているたとえ話です。

世間は時代とともに流行《はや》り廃《すた》りがあり、それに振り回されて自分のすべきことを忘れてしまうことを戒めています。

また、「商いは牛のよだれ」とたとえられることもあります。牛のよだれは、切れずにずっとつながり途切れることはないという様子から、商売はいつまでも細く長く途切れないように続けることを心がけよということです。

資産づくりも同じです。まずは貯める、貯まれば投資し、また貯める、貯めれば投資するの繰り返しで、これを淡々と繰り返し、雪だるま式に増やしていくわけです。

まさに**飽きずに続ける商売と同じ**です。これが資産づくりの王道であり、裏技も近道もありません。

時代の風潮や話題性を狙った奇をてらういろいろな投資法が宣伝流布されることがあるかもしれませんが、目移りすることなく続けることが大切です。

これは、ダイエット法でも時代とともにいろいろ現れ、そして消えていくことを見ればわかるはずです。そのたびに、情報に振り回され、あれをやったりこれをやったりして、結局続かず挫折《ざせつ》してしまいます。

ダイエットの本質は食べ過ぎないことにつきるわけですが、それを手を変え品を変え違う形で話題づくりで商売にしているだけです。

本当の王道は地味であまり派手ではありません。そのため得てして軽視してしまいがちですが、何事も基礎が大切です。基礎もできていないで大儲けを狙うと大怪我のもとです。とにかく飽きずに続けること、まさに継続は力なりです。

空き家不動産投資という新しい世界へ

人は知ることで目の前の世界の意味が変わってしまいます。

たとえば、これまでお話しした不動産投資の話の中でも、ボロボロで人の住まなくなった家は、この本を読むまではただの古家にしか感じなかったかもしれません。

しかし、古家を再生して賃貸物件にできる、それも安く買って高利回りで貸せばすごい資産形成ができると知っただけで、もうあなたの目の前のボロボロ住宅も、光り輝いて見えないでしょうか。

知らない人にとっては、やはりただのボロ家です。

同じ現象なのですが、知識があるかないかで目の前に見えている世界から受け取れる情報はまったく変わってしまいます。

これは、不動産実務検定で大家さんに勉強してもらっている、カラーについてですが、暖色（赤、橙、黄色等）と寒色（青を中心とした色）とでは体感温度に約3度の差があると言われています。そのため、北向きの寒い部屋には暖色を用いると効果的だと知ることができます。

また人間が五感から受け取る情報のうち87％を視覚に頼っています。いわゆる見た目が大事で、その視覚情報の中でも、55％を色、45％を形で判断しているということも知ることができます。

たとえば、女性をスマートに見せるには、服のデザイン（形）よりも色を工夫するほうがスマートに見せやすいということもわかってきます。

建物で言えば、外装のカラーを工夫すれば、高い費用を使って建て直ししなくてすむということです。

このように、カラーを学んで知ることで、あなた自身が家についてもいろいろ役立つアイデアが思いつきます。

また、大家さんの中には、庭をガーデニングする人もいます。

入り口に花を咲かせておくと、普段からその前を通る人に注目され、花があるだけで管理が行き届いた物件だという印象を持ってもらえます。

とくに女性の注目度と好感度を上げる効果があり、物件を選んでもらう時の優先順位もアップします。また最近の研究では、庭先や玄関に花を置いている家には泥棒が入りにくいという防犯効果も発表されています。

ですから、私はセミナーで花をたくさん咲かせて長持ちさせるにはどうするかということもお話しすることがあります。

まず、花を長持ちさせ、たくさん咲かせるには土が大事です。そのため、ホームセンターで10キロ１００円という土は使ってはいけません。少なくとも園芸用の棚においている10キロ１０００円前後の良い土を使うことです。

そうするとほとんど肥料をやらなくても、半年くらいきれいな花を咲かせてくれます。花を長持ちさせてきれいに咲かせるには土が大切だということがわかります。

興味を持たずに何げなく見ている部屋の内装の色や女性の服装、また何げなく通り過ぎている家の前の花壇の土の入れ方にしても、人の意識や思いが関わっています。

あなたの目に入るほとんどのものが、何らかの人の思いが込められていて、すべて意味を持ってあなたの周りに現れています。

目の前にあるものや出来事から、時流やいろいろな悩みや問題の解決策を示してくれていることに気づくことができます。

カラーの知識がなければ色はただ色に見えているだけ、花に興味がなければただ花が咲いているだけです。でも、その現象をつくるためには必ず誰かがそこに、人が意思を持って関わっています。それを知ることができれば、その謎を解くことができるのです。

ユーミンの『やさしさに包まれたなら』という歌詞の一節にある、「目に映るすべてのことはメッセージ」という言葉は、あなたの知識が増えれば増えるほど、あなたの見ている世界からたくさんのメッセージを受け取れるということなのです。

商売の原点は、どのように時流をくみ取って、そのニーズに応えるかです。

知識を増やして情報を増やすことはとても大切な行動なのです。

この本で、空き家不動産投資という方法からレバレッジを利かせた投資法、そして不動産投資のマインドまで、資産づくりの知識を学んでもらえたと思いますが、その知識をあなたが実践した時、この本の本当の価値が出るのです。

おわりに

この本は、私の娘たちやその子孫たちへの遺言のつもりで書きました。

現在、私には15歳と18歳の娘がいます。

この本を娘たちが社会人になった時にはぜひ読んでもらいたいと思っています。そのためなるべく専門用語は使わず、読みやすい言葉で書きました。

資産形成するには、働いて給料をもらい、その一部を種銭として預金し、その種銭を投資に回す。また働いて、貯めて、投資するというサイクルをコツコツ繰り返していくことです。ですから、私の娘たち同様、普通に働く人でも資産形成ができるように書いたつもりです。

お金持ちになるには、華々しく起業してビジネスで稼ぐ人もいるでしょう。また、お医者さんや金融のファンドマネジャーのように自分の能力を発揮して高い稼ぎを出してお金持ちになる人もいるでしょう。

でも、このような人はひと握りです。

ほとんどの人がごく平凡な生活を送っているはずです。私は平凡な人でもきちんと経済的自立を果たして豊かに生活できると思っています。娘たちにも、働いて、貯めて、投資するサイクルを続けて豊かになってもらいたいと思います。

もしかしたら時代によって投資対象は変わってくるかもしれません。本多静六氏の時代は株や山林が投資対象でした。私は、日本では不動産が普遍的な投資対象と思っていますが……。

資産家になるのに大きな野望や能力は必要ありません。とにかくシンプルなサイクルを黙々と続けることです。

資産家が素晴らしいと礼賛《らいさん》しているわけではありません。ただ、今の貨幣経済主義の世の中では、かなりのことがお金で解決できます。お金はあるに越したことはないのです。

よく言われる格言に「魚を与えるのではなく、魚の釣り方を教えろ」というものがあります。私は子供たちには、お金を残すのではなく、資産づくりの方法を残したいと思っています。そして、この本を手に取られたすべての方が、豊かで幸せな人生を送れることを心から願っています。

<著者プロフィール>
三木章裕（みき・あきひろ）

収益不動産経営コンサルタント。一般社団法人全国古家再生推進協議会顧問。株式会社大阪賃貸不動産経営研究所所長。アースリンクグループ代表取締役CEO。指導先の資産形成額が300億円以上にのぼる、不動産による資産づくりの専門家。

1962年生まれ。清風高等学校卒、甲南大学経営学部卒、大阪学院大学大学院商学研究科卒。バブル絶頂期には不動産仲介で、1人で1億円以上稼ぎ出し仕事や遊びを謳歌するも、バブル崩壊とともにほとんどの資産を失い10数億円の借金を背負う。しかし、代々大阪商人の家系に育ち、言い伝えられた商人道と蓄財術を活用して復活を図る。

大阪中心に親の代から不動産業・大家業を営み、アパート・マンションの経営については、一般社団法人日本不動産コミュニティー（J-REC）の浦田健氏に師事し、大阪にてパートナーコンサルタントとして活動。また不動産実務検定の大阪第一支部の講師として、「喜ばれる大家の会」を運営し、全国の大家さんのために講義、講演をするほか、さまざまな相談も受けている。

とくに最近では、古家（空き家）を再生し高利回り物件として提供し、普通のサラリーマンでも借金なしに大きな資産を築ける蓄財術を指導している。全国古家再生推進協議会の「古家再生投資プランナーweb講座」の作成にも携わっている。

共著書として『金持ち大家さんがこっそり実践している空室対策のすごい技』（日本実業出版社）がある。

◆ 大阪笑人サイト（お金がなくても不動産で資産づくり）
http://www.osakashounin.com/index.html
◆ 一般社団法人全国古家再生推進協議会サイト
http://zenko-kyo.or.jp
◆ 喜ばれる大家の会
http://yorokobareru-ooya.jimdo.com

〈装丁〉Panix（中西啓一）
〈DTP・図版作成〉沖浦康彦

空き家を買って、不動産投資で儲ける！

2015年 9 月 2 日　　初版発行
2016年 7 月27日　　4 刷発行

著　者　三木章裕
発行者　太田　宏
発行所　フォレスト出版株式会社
〒162-0824 東京都新宿区揚場町2-18　白宝ビル5F
電話　03-5229-5750（営業）
03-5229-5757（編集）
URL　http://www.forestpub.co.jp

印刷・製本　日経印刷株式会社

ISBN978-4-89451-681-6　Printed in Japan